essentials

Alexander Niedermeier · Wolfram Ridder

Das Brexit-Referendum

Hintergründe, Streitthemen, Perspektiven

Alexander Niedermeier
Institut für Politische Wissenschaft
Friedrich-Alexander-Universität
Erlangen-Nürnberg
Erlangen, Deutschland

Wolfram Ridder
Institut für Politische Wissenschaft
Friedrich-Alexander-Universität
Erlangen-Nürnberg
Erlangen, Deutschland

ISSN 2197-6708　　　　　　　　　ISSN 2197-6716　(electronic)
essentials
ISBN 978-3-658-15632-9　　　　　ISBN 978-3-658-15633-6　(eBook)
DOI 10.1007/978-3-658-15633-6

Die Deutsche Nationalbibliothek verzeichnet diese Publikation in der Deutschen Nationalbibliografie;
detaillierte bibliografische Daten sind im Internet über http://dnb.d-nb.de abrufbar.

Springer VS

Gedruckt auf säurefreiem und chlorfrei gebleichtem Papier

Springer VS ist Teil von Springer Nature
Die eingetragene Gesellschaft ist Springer Fachmedien Wiesbaden GmbH
Die Anschrift der Gesellschaft ist: Abraham-Lincoln-Str. 46, 65189 Wiesbaden, Germany

Was Sie in diesem *essential* finden können

- Eine Darlegung der Vorstellungen und Erwartungen des Vereinigten Königreichs an EG und EU und der Entwicklung der britischen Euroskepsis als politisch-kultureller und historischer Rahmen des Brexit
- Eine Erläuterung des Zusammenspiels von historischer und politisch-kultureller euroskeptischer Tradition mit der Tagespolitik und die damit verbundene Politisierung der vorhandenen Bruchlinien im Vorfeld des Brexit
- Eine Übersicht über die Protagonisten des Referendumswahlkampfes sowie eine Darstellung und Einordnung der Argumente beider Seiten
- Eine Skizzierung der nun anstehenden Verhandlungen über die Trennung des Vereinigten Königreichs von der Europäischen Union

Inhaltsverzeichnis

Das Vereinigte Königreich als „Sonderfall" in der Europäischen Union

1

> *No-one in their right mind wants, hopes or believes Brexit will happen. But it might happen by accident more than design.*
>
> (Lord Mandelson in MacShane 2015)

Das Vereinigte Königreich von Großbritannien und Nordirland stellte seit seinem Beitritt zu den Europäischen Gemeinschaften im Jahr 1973 stets so etwas wie einen „Sonderfall" in der Geschichte der Europäischen Integration dar. Dies wird nicht nur deutlich anhand der spezifischen britischen politischen Kultur oder dem Umstand, dass die Bürger Großbritanniens nicht einmal zwei Jahre nach dem Beitritt zu den Europäischen Gemeinschaften bereits im Jahr 1975 wieder über den Austritt abstimmten und den zahlreichen Ausnahmeregelungen, welche die Briten den restlichen EU-Mitgliedsstaaten über die Jahre abverhandelten, sondern auch und insbesondere durch den Umstand, dass das Vereinigten Königreich aufgrund des Ergebnisses des Referendums vom 23. Juni 2016 als erster Mitgliedstaat in der Geschichte der Europäischen Union aus dem Staatenverbund austreten wird.

Dieses Ereignis ist aus mehreren Gründen interessant: Erstens prognostizierte die Politische Wissenschaft auch nach der Einführung eines Austrittsmechanismus aus der EU durch den Vertrag von Lissabon im Jahre 2009, dass die Kosten für einen solchen Schritt für den austrittswilligen Mitgliedsstaat derart hoch seien, dass kein Staat dies ernsthaft in Erwägung ziehen würde (Laffan und Stubb 2012, S. 91–92). Zweitens – und grundsätzlicher gedacht – fällt dieses Ereignis in eine Zeit, in welcher in der Politischen Wissenschaft wieder intensiv über die Frage diskutiert wird, ob das Projekt der Europäischen Integration eventuell einen „Rückwärtsgang" habe (vgl. hierzu Gravey und Jordan 2016), und somit einmal

© Springer Fachmedien Wiesbaden 2017

A. Niedermeier und W. Ridder, *Das Brexit-Referendum*, essentials,

DOI 10.1007/978-3-658-15633-6_1

erreichte Integrationsschritte nicht womöglich rückabgewickelt werden könnten. Drittens wird der britische Beschluss zum Austritt aus der EU die europäische politische Landkarte fundamental verändern, und zwar in einer Weise, die gegenwärtig noch nicht einmal in Ansätzen absehbar ist. Trotz der großspurigen Ankündigungen der Brexit-Befürworter spricht sehr wenig dafür, dass ein sich von der EU abwendendes Vereinigtes Königreich problemlos in der Lage sein wird, die prominente Rolle in Außenpolitik und Welthandel zu spielen, welche die Anhänger des Brexit gerne für sich reklamieren: „Rather than ‚making Great Britain great again', to borrow Donald Trump's slogan, a vote to leave may result in a ‚Little England' that finds itself at the back of the queue as it tries to negotiate trade deals with China, India, and the United States" (Mattijs 2016). Gleichzeitig mag das Votum der britischen Bevölkerung die Europäische Union zwar nicht zwingend in diejenige Sinnkrise stürzen, welche vor der Abstimmung vorhergesagt worden war. Ob allerdings ein „weiter so" bzw. die Strategie des „mehr Europa" als Antwort auf den Austrittsbeschluss der Briten in Kontinentaleuropa unwidersprochen bleiben wird, darf zumindest ernsthaft bezweifelt werden. Viertens schließlich passt das Ergebnis des Referendums gewissermaßen durchaus in den Zeitgeist der westlichen liberal-demokratischen Gesellschaften, in denen der öffentliche Diskurs vermehrt von Anti-Elitismus und Populismus, zumindest aber der Suche nach „einfachen Antworten" auf höchst komplexe gesellschaftliche Herausforderungen, gekennzeichnet zu sein scheint. Insofern könnten der Zuspruch zu Donald Trump in den USA und das britische Votum gegen die EU durchaus zwei Symptome ein und derselben Ursache sein.

In jedem Fall wird das Ergebnis des Referendums vom 23. Juni 2016 Europa noch lange beschäftigen. Denn auch wenn der Brexit einerseits einen „point of no return" (Mattijs 2016) darstellt, so ist er doch auch andererseits der „point of departure" für einen politischen Prozess, den es so noch niemals gegeben hat: Die Aushandlung der Trennung eines Mitgliedsstaates von der EU.

Die Politische Kultur der Europaskepsis im Vereinigten Königreich: Das Unbehagen vor Europa und der britische Sonderweg im europäischen Integrationsprozess als Hintergrund des Brexit

2

2.1 Europäisierung, Englishness und Europaskeptizismus

Lange hatte das Vereinigte Königreich um die Mitgliedschaft in der Europäischen Gemeinschaft innerlich gerungen und mit den Gründungsmitgliedern für diese gekämpft. Im Laufe der Jahre, die dem Beitritt zur EG im Jahr 1973 folgten, kam es zu einer sukzessiven Europäisierung des Landes. Diese betrifft vor allem Bereiche wie Umwelt-, Wettbewerbs- und Regionalpolitik, lässt sich aber insbesondere auch auf der Polity-Ebene, also auf Seiten der britischen Institutionen wie etwa den Ministerien und Behörden, feststellen. Dabei ist beachtlich, dass es neben nationalen Behörden wie dem Außenministerium vor allem die lokale Ebene und die Regionen – und dort allen voran Schottland – sind, welche sich in vielfacher Hinsicht auf Europa eingestellt haben und vor diesem Hintergrund eine gestärkte eigenständige Rolle entwickeln konnten. Analog gilt dies auch für den Bereich der organisierten Interessen, welche ebenfalls gestärkt aus dem Europäisierungsprozess hervorgegangen sind (Bache und Jordan 2006, S. 267–273).

Gleichwohl blieben die politischen Eliten ebenso wie die Bürger zu nicht unwesentlichen Teilen europaskeptisch, wobei diese Skepsis von der Kritik an spezifischen Politiken und der Abwägung von Integrationsschritten gegenüber der ausgeprägten Wahrung nationaler Interessen bis hin zur nicht selten anzutreffenden grundsätzlichen Ablehnung des europäischen Integrationsprojektes hinsichtlich konstitutioneller, institutioneller und politikfeldbezogener Aspekte reichte (Szczerbiak und Taggart 2008a, b). Aufgrund dieser Weite, Tiefe und Permanenz bezeichnete etwa Stephen George (2000) Großbritannien nicht mehr nur als

© Springer Fachmedien Wiesbaden 2017
A. Niedermeier und W. Ridder, *Das Brexit-Referendum*, essentials,
DOI 10.1007/978-3-658-15633-6_2

heiklen Partner in Europa, sondern als einen rundweg europaskeptischen Staat. Bei näherer Betrachtung zeigt sich, dass grundlegende Themen, die beim Brexit eine maßgebliche Rolle gespielt haben, schon die gesamte Mitgliedschaft des Vereinigten Königreichs in der EG beziehungsweise der EU Teil eines europakritischen Diskurses waren.

Ein wesentliches Element des britischen Europaskeptizismus liegt in einem stark auf das Englische fokussierten Nationalismus, welcher auf eine an Permanenz orientierte Anglo-Souveränität hin ausgerichtet ist. Das damit verbundene Idealbild einer von London dominierten globalen Anglosphäre wurde in der Wahrnehmung vieler Britinnen und Briten durch das Projekt der europäischen Integration als gefährdet angesehen. Europa und seine Institutionen wurden vor diesem Hintergrund zum signifikanten Anderen, gegen den die Idee der Englishness geschärft wurde und verteidigt werden musste (Gifford 2014). Hierbei konnte auf tief sitzende und auf historischen Erfahrungen beruhende kollektive Identitäten zurückgegriffen werden, welche sich vor dem Hintergrund realhistorischer Entwicklungen politisieren und immer wieder tagespolitisch nutzbar machen ließen. Auch im Kontext des Brexit wurden traditionelle Vorbehalte und lange gehegte Feindseligkeiten gegenüber europäischen Mächten und Einstellungen, die seit jeher als bedrohlich für die Insel empfunden wurden, auf die EU übertragen und dem kontinentaleuropäisch-institutionalisierten Hort der Undemokratie die einzigartige Tradition des britischen Parlamentarismus gegenübergestellt.

2.2 Churchills Europa-Vision und das Integrationsmodell von Monnet und Schuman

In diesem Zusammenhang mag es zunächst verwundern, dass die Aufforderung, die Vereinigten Staaten von Europa zu schaffen, ausgerechnet von Winston Churchill in dessen berühmt gewordener Zürcher Rede von 1946 kam. Hierin sprach er von seinem festen Glauben an einen schrankenlosen Kontinent, in dem für alle Menschen völlige Bewegungsfreiheit herrschen werde. Damit traf er den Nerv des kriegszerstörten und desperaten Europas. Seine Vision diente nicht nur als Ansporn für die europäische Bewegung, sondern trug auch maßgeblich zur Gründung des Europarates und des Europäischen Gerichtshofs für Menschenrechte bei. Doch zugleich war dieses Bild Europas auf seinen kontinentalen Teil beschränkt – die britischen Inseln sollten außen vor bleiben und eigenständig auf Augenhöhe mit den USA und der Sowjetunion Weltpolitik betreiben. Für das Vereinigte Königreich sah Churchill eine Rolle vor, in der London paternalistisch auf Europa herabblickt und Großbritannien zwar an Europa angelehnt ist, ohne aber wirklich Teil davon zu sein, mit dem Ziel, vom Prozess der europäischen Einigung ökonomisch zu profitieren (MacShane 2015, S. 30 f.). An diesem grundlegenden Bild hat sich bis heute nichts geändert und das damit verbundene Selbstverständnis ist eine der entscheidenden Triebkräfte des Brexit und des gegenwärtig geführten Diskurses um die Rolle des Vereinigten Königreichs nach dessen Ausscheiden aus der EU.

Damals wie heute stehen sich zwei Versionen von Europa gegenüber, und es ist die Tragik der euro-britischen Beziehungen, diese nie in Einklang gebracht zu haben, ja, deren verschiedenartige Existenz zu großen Teilen schlichtweg negiert zu haben – vor allem auf nicht-britischer Seite. Diese beiden Verständnisse von Europa, welche man nicht verwechseln darf, die man jedoch immer wieder unreflektiert gleichsetzte, waren die von Jean Monnet und Robert Schuman einerseits und eben das von Winston Churchill andererseits. Während letzteres dem Entwurf des britischen Innenministers Sir David Maxwell Fyfe folgend ein auf der Anerkennung von Menschen- und vor allem auch Freiheitsrechten (insbesondere in ökonomischer Hinsicht), aber eben auch auf Wahrung staatlicher Souveränität basierender Raum sein sollte, beruhte das erstgenannte Verständnis auf einer immer weiter voranschreitenden institutionell unterfütterten Integration gleichsam aller politischen, gesellschaftlichen und ökonomischen Bereiche der einzelnen europäischen Staaten hin zu einer möglichen finalen staatlichen Einheit (MacShane 2015, S. 33).

2.3   Londons Streben nach Zugang zum Binnenmarkt

Zugleich erkannte die Regierung in London im Laufe der Zeit die Vorteile, die sich aus einem wirtschaftlich integrierten Europa ergeben, wie es durch die Umsetzung des Monnet-Schuman-Modells in Folge der Römischen Verträge auf dem Kontinent sichtbare Realität wurde. Die Entscheidung, sich der Europäischen Wirtschaftsgemeinschaft anzunähern, erfolgte somit primär aus ökonomischem Kalkül: Der britische Versuch, mit der EFTA ein Gegenmodell europäischer ökonomischer Integration zu etablieren, war schnell gescheitert, die Beziehungen zu den USA zu jener Zeit fragil und das Vereinigte Königreich musste feststellen, dass seine eigene Wirtschaftsentwicklung von anhaltender Schwäche gekennzeichnet war. Am 31. Juli 1961 erklärte der damalige britische Premierminister Harold Macmillan von der Konservativen Partei dem britischen Unterhaus, dass Großbritannien vor diesem Hintergrund geradezu genötigt sei, der EWG beizutreten. Bereits am 10. August 1961 wurde das Beitrittsgesuch offiziell. Trotz des eingangs von London gegebenen Versprechens, die Römischen Verträge bedingungslos zu akzeptieren, wurden in den anderthalb Jahre währenden Verhandlungen schließlich so viele Sonderwünsche und Forderungen eingebracht, dass die Verhandlungen vonseiten der EWG beendet wurden. Aufseiten der britischen Regierung hatte letztlich die Sichtweise dominiert, die EWG müsse sich maßgeblich auch den Bedürfnissen und Erwartungen des Vereinigten Königreichs anpassen, und insbesondere Frankreichs Präsident Charles de Gaulle war nicht bereit, das zu akzeptieren.

Der weiter voranschreitende internationale Bedeutungsverlust sowie die noch prekärer gewordene wirtschaftliche Lage veranlassten die Regierung in London, diesmal unter Premierminister Harold Wilson von der Labour Partei, 1967 einen abermaligen Antrag auf Mitgliedschaft zu stellen. Dieser scheiterte zunächst am Widerspruch de Gaulles. Erst nach dessen Rücktritt 1969 und der Übernahme des französischen Präsidentenamts durch George Pompidou war der Weg prinzipiell frei. Ein weiterer Antrag Londons erfolgte schließlich durch den 1970 überraschend zum Premierminister gewählten Edward Heath. Doch bereits in der Unterhausabstimmung im Oktober 1971 war das Bild – auch innerhalb der Fraktionen – höchst uneinheitlich. Auch wenn es letztlich für eine Mehrheit reichte, der geplante Beitritt des Vereinigten Königreichs war keineswegs unumstritten im eigenen Land (Krupa 2013).

2.4 Das erste Brexit-Referendum von 1975

Dies sollte auch der bereits 1975 erfolgte „Beinahe-Brexit" bestätigen. 1974 kam es zum Regierungswechsel, Heath wurde durch seinen eigenen Vorgänger im Amt, Harold Wilson, abgelöst, der nun in der Verantwortung gegenüber seinen Wählerinnen und Wählern stand, das Wahlkampfversprechen einer privilegierteren Rolle des Vereinigten Königreichs in der EG einzulösen. Über das Ergebnis der Nachverhandlungen mit Brüssel sollte in einem Referendum abgestimmt werden – mit dem möglichen Ergebnis eines Verlassens der EG bereits zwei Jahre nach dem Beitritt. Dass die Entscheidung zugunsten eines Verbleibs ausging, hatte vor allem ökonomische Gründe. Die wirtschaftliche Lage des Vereinigten Königreichs war nach wie vor prekär, das Land war mit Phänomenen wie starker Inflation und ausufernden Streiks konfrontiert. Vor diesem Hintergrund trat vor allem die britische Wirtschaft für die Beibehaltung der EG-Mitgliedschaft ein, und auch die Medien tendierten nahezu unisono in diese Richtung (Krupa 2013).

Den Tag, an welchem der Brexit im Jahr 1975 abgewendet wurde, bezeichnete Roy Jenkins, ein enger Parteifreund von Premierminister Wilson, als Tag des Jubels, welcher nach 14 Jahren endlich die Debatten über das Verhältnis von Großbritannien und Europa beende (Krupa 2013). Dass es sich hierbei nur um eine Verschnaufpause handelte, und der Weg zu einem weiteren Brexit-Referendum keineswegs endgültig verlassen worden war, sollte sich bald herausstellen. Die beiden europäischen Modelle existierten nach wie vor nebeneinander, und der Umstand, dass es lediglich das ökonomische Argument in Zeiten der akuten Krise war, welches das Vereinigte Königreich in der EG hielt, legte den Grundstein für weitere Bruchlinien. Zeitlich hatten sich die Gründungsmitglieder nämlich auf eine Positionierung der EG verständigt, welche mit den britischen Vorstellung notwendigerweise nicht in Einklang zu bringen war.

2.5 Erweiterung, Vertiefung und der Briten-Rabatt als euro-britische Zankäpfel

Denn die mit der Aufnahme des Vereinigten Königreichs, die gemeinsam mit der Aufnahme der Republik Irland und Dänemarks erfolgte, verbundene *Erweiterung* der Europäischen Gemeinschaft ging nun Hand in Hand mit einem anderen europäischen Prozess, welcher sich gleichermaßen als erhebliche Belastung der euro-britischen Beziehungen erweisen sollte und ebenfalls einen maßgeblichen Anteil an dem Weg zum Brexit hatte: der *Vertiefung* der europäischen Integration. Ein wesentlicher Schritt hierzu wurde mit der parallel zur Erweiterung erfolgenden Verständigung auf die Einrichtung einer Wirtschafts- und Währungsunion unternommen. Insgesamt sollte die EG nunmehr zu einer Europäischen Union ausgebaut werden, welcher umfangreiche Kompetenzen in Bereichen wie der Sozial-, Umwelt-, Energie- und Regionalpolitik übertragen werden sollten.

Hieran leistete das Vereinigte Königreich in den Anfangsjahren durchaus seinen Beitrag. Ausgerechnet unter der Regierung von Margaret Thatcher (1979–1990) kam es zur Unterstützung von solchen zentralen Entwicklungsschritten wie der Einheitlichen Europäischen Akte, der Befürwortung einer gemeinsamen Außen- und Sicherheitspolitik oder der Einführung der Direktwahl des Europäischen Parlaments. Gleichzeitig aber stand sie den finanziellen Mitteln, welche das Vereinigte Königreich zum Haushalt der EG beisteuern musste, höchst kritisch gegenüber, weil das Land mehr an Mitgliedsbeitrag entrichtete als es etwa durch Agrarsubventionen, Struktur- oder Kohäsionsmittel wieder zurückbekam. So empfand die Regierung ihren Status als Nettobeitragszahler als ungerecht und nahm die Mitgliedschaft in der EG letztlich als schlechtes Geschäft wahr, was die Regierung Thatcher dazu veranlasste, 1984 unter dem berühmt gewordenen Motto „I want my money back" für sich Sonderrechte bei der Bemessung des Mitgliedsbeitrages zu erstreiten.

Dieser sogenannte Britenrabatt sah vor, dass London zwei Drittel des Betrages, den das Vereinigte Königreich mehr entrichtete, als über die europäischen Fördermittel zurückfloss, erlassen würde. Anfangs, als das Land tatsächlich noch ökonomisch auf schwachen Beinen stand, erschien eine solche Maßnahme als solidarisch gerechtfertigt, insbesondere weil es aufgrund seines vergleichsweise kleinen Agrarsektors im Vergleich zu Frankreich von der geltenden Regelung de facto über Gebühr benachteiligt wurde. Allerdings setzte sich die Praxis des Britenrabatts auch in die Zeiten hinein fort, als das Vereinigte Königreich sich zu einem der wohlhabendsten Mitglieder der Gemeinschaft entwickelte, sodass der Nachlass, den London bis zum Brexit genoss, mehrere Milliarden Euro ausmachte und so zum Unmut anderer EU-Mitglieder beitrug, welche wiederholt eine Verminderung oder Abschaffung dieses Sonderrechts forderten. 2011 und 2012 etwa belief sich der jährliche Rabatt auf 3,6 Mrd. EUR, im Jahre 2013 wurde dieser auf Drängen Camerons hin, der für den Fall einer Senkung des Rabatts mit dem Austritt seines Landes aus der EU drohte, sogar nochmals um 200 Mio. EUR erhöht (Die Welt 2013 http://www.welt.de/117526754).

Aus der berechtigten Solidaritätsleistung mit London ist im Laufe der Zeit die erhebliche zusätzliche Privilegierung eines ohnehin schon privilegierten EU-Mitglieds geworden. Doch schon zu Thatchers Zeiten war das Solidaritätsverständnis gegenüber anderen Mitgliedsstaaten der EG nicht sehr ausgeprägt. Jack Straw, der spätere Labour-Außenminister, sprach sich vehement dagegen aus, dass britische Steuergelder in die neuen EG-Mitgliedsländer wie Portugal oder Griechenland umverteilt würden. Dass sich Thatcher hierbei gegen Straw stellte, hatte jedoch ebenfalls etwas mit dem britischen Verständnis der EG als reinem Binnenmarkt zu tun: So sollte die ökonomische Integration der neuen Mitglieder möglichst schnell vorangebracht werden, damit vor allem auch die britische Wirtschaft von der Süderweiterung profitieren könne. Eine soziale Basis des Binnenmarktes, wie sie etwa Jacques Delors, Kommissionspräsident von 1985–1995, vorsah, wurde von Thatcher abgelehnt.

In diesem Zusammenhang zeigt sich eine weitere Bruchlinie im euro-britischen Verhältnis. Als Thatcher Mitte der 1980er Jahre Streiks mit nie dagewesener Brutalität niederschlagen ließ und die Gewerkschaften ihres Landes, die sie als inneren Feind und in Anspielung auf den eben gewonnenen Falklandkrieg als den nächsten zu schlagenden Gegner bezeichnete, dauerhaft zerschlagen wollte, wurde Delors von den britischen Gewerkschaften als Heilsbringer und die EG als ihre letzte Rettung wahrgenommen (MacShane 2015, S. 67 f.). Weite Teile von Wirtschaft und Gesellschaft indessen standen der EG jedoch mittlerweile kritisch gegenüber. Dies galt umso mehr, als Delors 1988 verkündete, dass künftig ein Großteil der Wirtschafts-, Sozial- und Steuergesetzgebung auf europäischer Ebene und nicht mehr in den Mitgliedsstaaten gemacht würde.

2.6   Das Vereinigte Königreich und der Euro: Draußen bleiben aber mitentscheiden

Nicht zuletzt diese Aussage machte es Thatcher leicht, den Vorschlag zur Einführung einer gemeinsamen Währung mit Nachdruck zu bekämpfen, welche sie als Etablierung eines föderalen Europa durch die Hintertür und somit als unmittelbare Gefahr für die Souveränität des Vereinigten Königreichs ansah. Nichtsdestoweniger signalisierten die Labour-Regierungen, welche zwischen 1997 und 2010 die Geschicke des Landes bestimmten, dass man sich auch in London vorstellen könne, irgendwann auch das Vereinigte Königreich in die Euro-Zone zu führen. Erst mit der Regierung aus Konservativen und Liberaldemokraten unter der Führung David Camerons von 2010 bis 2015 änderte sich das grundlegend: Eine Mitgliedschaft im Euro wurde nun kategorisch ausgeschlossen. Für den Fall, dass die Brexit-Entscheidung anders verlaufen wäre, hatte sich London bereits dahin gehend abgesichert, dass es als Nicht-Euro-Land weder an Bailouts beteiligt sein, noch an einer Fiskalunion teilnehmen würde (Adler-Nissen 2016, S. 238).

Auch an dieser Stelle wird die grundlegende Sichtweise des Vereinigten Königreichs auf die Europäische Union im Sinne eines maximalen Profitierens bei gleichzeitig minimalen Verpflichtungen deutlich, welche sich im Zusammenhang mit der europäischen Gemeinschaftswährung dahin gehend manifestierte, sich zwar für den Opt-Out entschieden zu haben, jedoch zugleich über den Euro mitbestimmen zu wollen. Die Einführung des Euro hat in der Tat eine Machtverschiebung innerhalb der EU bewirkt, welche sich zulasten der Einflussmöglichkeiten Londons auswirkte. Oder anders ausgedrückt: Die britische Regierung hat durch die Entscheidung, der Währungsunion fernzubleiben, zwar seine Autonomie gegenüber Brüssel beziehungsweise Frankfurt, dem Sitz der EZB, betont, zugleich aber auch auf zentrale Mitwirkungsmöglichkeiten an der Wirtschafts- und Finanzpolitik in der Europäischen Union verzichtet. Das zeigte sich vor allem in der Eurokrise, als die Euroländer unter der Führung Deutschlands in der Koordinierung der Finanzpolitik noch näher zusammenrückten, um den Euro zu retten, und so gleichsam automatisch ein Europa der zwei Geschwindigkeiten von Euro- und Nicht-Euro-Ländern weiter forcierten (Piris 2012, S. 102).

In der Tat hat die Eurozone innerhalb der vergangenen beiden Dekaden eine eigene institutionelle Struktur vor allem in Form der Treffen der Staats- und Regierungschefs beziehungsweise der Finanzminister der Euroländer ausgebildet, und bewegt sich mittlerweile immer mehr auf eine Bankenunion unter Aufsicht der EZB zu. Im Juni 2015 wurde der sogenannte Bericht der Fünf Präsidenten[1] vorgelegt, welcher darauf abzielte, die Eurozone zu einer Fiskalunion weiterzuentwickeln, in der es zu einer Koordinierung und schließlich zu einer Konvergenz der Fiskalpolitiken der Euroländer kommen soll, wobei insbesondere Transfers von reicheren an ärmere Euroländer ein zentrales Element darstellen. Dies würde zu einer abermaligen Stärkung der Eurogruppe und ihrer Präsidentschaft innerhalb des Gefüges der EU führen (Adler-Nissen 2016, S. 242). Bereits jetzt hat die Eurogruppe, die seit dem Vertrag von Lissabon als formale Institution der EU anerkannt ist, zu einem de-facto Bedeutungsverlust des Rats der Wirtschafts- und Finanzministers (ECOFIN) gesorgt. Dieser ist formal zwar nach wie vor das Entscheidungsgremium, jedoch kann die Eurogruppe mittlerweile als der tatsächlich entscheidende Akteur der Integration betrachtet werden, welche dem ECOFIN letztlich nur noch eine Abnickfunktion zubilligt. Gleichzeitig ist aus der Eurogruppe, welche einst als Forum zur Beratung der von der EU-Kommission bereitgestellten Wirtschaftsprognosen, der Haushaltslage der Eurostaaten oder Fragen des Eurowechselkurses diente ein Akteur geworden, der sich dezidiert zu Fragen wie Arbeitsmarktreform, Wettbewerbspolitik, öffentliche Verwaltung, Steuerpolitik oder Finanz-, Dienstleistungs- und Gütermärkten äußert und Stellung zu internationalen Herausforderungen wie Energie und Umwelt bezieht.

Das Vereinigte Königreich, das als Nicht-Euromitglied hierauf keinen direkten Einfluss hatte, zeigte sich als erbitterter Gegner dieser Entwicklung. London bemühte sich um den Spagat, einerseits sein nationales Interesse und damit verbunden insbesondere die Interessen der britischen Wirtschaft und Finanzindustrie zu wahren und hierfür auf die Geschicke nicht nur der EU sondern insbesondere auch und gerade des Euroraums Einfluss zu nehmen, und andererseits nicht selbst vom Euro tangiert zu werden oder hieraus in irgendeiner Form Verpflichtungen zu übernehmen (Adler-Nissen 2016, S. 243). Die Entscheidung David Camerons auf

---

[1]Der Name des Berichts bezieht sich auf dessen Verfasser: Jean-Claude Juncker, Präsident der EU-Kommission, Donald Tusk, Präsident des Europäischen Rates, Eurogruppen-Präsident Jeroen Dijsselbloem, Mario Draghi, Präsident der EZB und Martin Schulz, Präsident des EU-Parlaments.

dem Treffen des Europäischen Rats im Jahre 2011, der Einfügung eines Fiskalabkommens in die europäischen Verträge zu widersprechen, welches ausschließlich für die Mitglieder der Eurozone bindend gewesen wäre, ist hierfür ein Beispiel. Dieser Schritt wurde von Eurostaaten wie Nicht-Eurostaaten als anmaßend empfunden. Martin Schulz, seinerzeit noch designierter Präsident des EU-Parlaments, sprach erstmals von der realen Möglichkeit eines Ausscheidens Großbritanniens aus der EU, welches in der EU isoliert sei wie niemals zuvor (Spiegel 2011). Manöver wie dieses, welche im Abwehrkampf Londons gegen die Eurozone keinen Einzelfall darstellten, mussten diese Isolation letztlich nur noch erhöhen, wie aus einer Stellungnahme der EU-Kommission unzweideutig hervorgeht: „We do not want outsiders such as the UK to use disagreement in the Eurogroup to make a big mess, and this is why we expanded the questions that are only dealt with by the euro area" (Adler-Nissen 2016, S. 243). Letztlich sah sich das Vereinigte Königreich mit dem Dilemma konfrontiert, entweder die europäische Integration, die nicht zuletzt angesichts der gegenwärtigen Krisen – auch der des Euro – unaufhaltsamer denn je erscheint, aktiv und konstruktiv mitzugestalten, oder aber seinen auf der Betonung nationaler Souveränität und partikularer Interessen beruhenden Sonderweg fortzusetzen und dabei immer weiter ins Abseits europapolitischer Entscheidungsfindung zu geraten. Da ersteres nicht als ernst zu nehmende Alternative betrachtet wurde, war der Weg in den Brexit beinahe schon eine notwendige Konsequenz.

2.7   Das britische Streben nach der Rückkehr zur nationalen Souveränität

Doch zeichnete sich neben dem Euro schon früh noch eine weitere Bruchlinie ab. So wurde nicht nur die Währungsunion als Bedrohung britischer Eigenständigkeit betrachtet und daher abgelehnt, auch dem Schengener Abkommen, das – man erinnere sich der Zürcher Rede Churchills – ein Europa ohne Grenzkontrollen ermöglicht, wollte London nicht beitreten. Maßgeblich ausschlaggebend hierfür war ebenfalls ein Grund, welcher bei der Entscheidung zugunsten des Brexit 2016 ebenfalls den Diskurs beherrschte: der Wunsch nach der unbedingten Kontrolle über die Zuwanderung in das Vereinigte Königreich.

Sowohl Maastricht als auch Schengen sollten aufgrund der hierdurch abermals verstärkten Europaskepsis im Vereinigten Königreich die Amtszeit von John Major (1990–1997) bestimmen und die von ihm eigentlich befürwortete britische Mitwirkung an einer Fortentwicklung der europäischen Integration verhindern

(Franklin 1995). Nicht nur hatte Major es mit einer neuen Generation von Mitgliedern der Konservativen Partei zu tun, die unter der Führung von Iain Duncan Smith, einem der späteren Führer der Tories, eine äußerst aggressiv agierende europaskeptische Gruppierung bildeten, auch war die öffentliche Meinung dezidiert antieuropäisch. Dies spiegelte sich nicht nur in den Medien sehr deutlich wider, auch entstanden zu jener Zeit Kampagnen, Bewegungen und politische Parteien, deren vereinigender Tenor die Überzeugung war, dass die EU unvereinbar mit den nationalen Interessen des Vereinigten Königreichs sei (MacShane 2015, S. 80). Vor diesem Hintergrund entwickelte das Londoner Außenministerium das Konzept der Opt-Outs. Konkret konnte die Regierung in London in diesem Zusammenhang für ihr Land etwa signifikante Ausnahmen von der europäischen Sozialpolitik durchsetzen. Dieses Einfordern von Sonderrechten und Privilegien setzte sich auch unter den Regierungen von Blair und Brown fort, was sich etwa am politischen Diskurs um die EU-Verfassung beziehungsweise um den Lissabon-Vertrag zeigte. So verweigerte Gordon Brown seine Unterschrift zur Grundrechtecharta und behielt sich zudem zahlreiche Ausnahmen von den Lissabon-Regeln vor. Zugleich machte er seine Zustimmung zum Lissabon-Vertrag davon abhängig, dass weit über einhundert bisherige Regelungen für das Vereinigte Königreich nicht mehr gelten sollten. Mit anderen Worten setzte London damit seinen Kurs an einer lediglich selektiven Teilnahme am europäischen Integrationsprojekt nicht nur fort, sondern zementierte diesen weiter.

Das wurde auch auf der Ebene der europäischen Parteipolitik deutlich. Auf Drängen David Camerons, der seit 2005 den Vorsitz der Konservativen Partei innehatte, verließ diese nach den Europawahlen 2009 die Fraktion der Europäischen Volkspartei im EU-Parlament. David Cameron konnte sich seither als Europaskeptiker par excellence etablieren, was maßgeblich dazu beitrug, dass er aus dem Wahlkampf mit Gordon Brown als Sieger hervorging. 2011 verweigerte er, wie oben ausgeführt, die Zustimmung zum Fiskalpakt, nur ein Jahr später drohte er damit, die Verhandlungen zum mehrjährigen EU-Finanzrahmen scheitern zu lassen. Zwar ließ er sich dann doch auf eine Verringerung des sogenannten Briten-Rabatts ein, jedoch reflektierte dies keineswegs die Haltung der britischen Regierung oder der dortigen Öffentlichkeit. Vielmehr unterlag er im Unterhaus sowohl gegen die Stimmen von Teilen seiner eigenen Partei als auch gegen die der ebenfalls europaskeptisch erstarkten Labour Party mit dem Antrag, den von ihm mitverhandelten EU-Haushalt zu billigen. Stattdessen erhielt Cameron den Auftrag, den EU-Haushalt in Brüssel zum deutlichen Vorteil des Vereinigten Königreichs nachzuverhandeln. Nicht zuletzt vor diesem Hintergrund ist auch Camerons 2013 erfolgte Ankündigung eines Referendums über den Verbleib seines Landes in der EU zu sehen. Cameron versuchte mithilfe der Drohkulisse eines Ausstiegs des Vereinigten Königreichs aus der EU nicht nur über den EU-Haushalt zu verhandeln, sondern letztlich die Gunst der Stunde zu nutzen, um die Beziehungen zwischen London und der EU auf eine völlig neue Grundlage zu stellen, bei der das Vereinigte Königreich noch mehr Rechte, Privilegien und Einflussmöglichkeiten bei gleichzeitig niedrigeren Verpflichtungen erhalten sollte. Doch welche Triebkräfte machten diese Entwicklung, die schließlich im Juli 2016 im Brexit gipfelte, konkret möglich?

Die Tradition der Europaskepsis trifft auf die Tagespolitik: Der unmittelbare Weg in den Brexit   3

3.1 Wirtschaft, Mitgliedsbeiträge und der Brexit: Profitieren vom Binnenmarkt ohne Risiko und Gegenleistung

Zuallererst war es das Festhalten am Modell Churchills, demzufolge man *mit* Europa sein und von dieser Verbindung profitieren wollte, *ohne aber Teil davon zu sein* und sich den Regeln eines vereinigten Europas unterordnen zu müssen. Diese Logik beherrschte bereits das erste Brexit-Referendum von 1975. Damals stimmten zwar letztlich gut 70 % der Befragten für den Verbleib in der EG; mit EG war jedoch damals (wie heute) letztlich nur der gemeinsame Markt gemeint, nicht mehr und nicht weniger. Ziel damals war der Erhalt des Status Quo und keineswegs eine Erweiterung oder gar Vertiefung, wie sie das Integrationsmodell von Monnet und Schuman vorsah (Butler und Kitzinger 1976). Im Vergleich zu den 1970er Jahren hat sich jedoch ein Aspekt wesentlich verändert. Wirkte zu jener Zeit die ökonomisch erfolgreiche EG mit ihrem Binnenmarkt als hilfreiche und willkommene Lösung für die Probleme der kränkelnden britischen Volkswirtschaft, so sah man mittlerweile im Vereinigten Königreich das krisengeschüttelte Europa mit der Eurokrise im Zentrum als Gefahr für die nunmehr boomende eigene Nationalökonomie, die 2014 die am schnellsten wachsende in Reihen der G7 war, und welche es vor Ansteckung ebenso wie Begehrlichkeiten vom Kontinent zu schützen galt. Hierbei setzte sich die Ansicht durch, dass je größer die Distanz zur EU werde, desto besser sei es für die britische Wirtschaft und das ganze Land. Dass das britische Wachstum vor allem auch auf hohen Schulden und einem hohen Staatsdefizit ebenso beruht wie auf dem Drucken von Geld,

© Springer Fachmedien Wiesbaden 2017
A. Niedermeier und W. Ridder, *Das Brexit-Referendum,* essentials,
DOI 10.1007/978-3-658-15633-6_3

dass der hohe Grad an Beschäftigung zu nicht unwesentlichen Teilen mit Teilzeitarbeit, außerordentlich niedrigen Löhnen und sogenannten Zero-Hour Arbeitsverträgen erkauft ist, und zudem noch von einer Immobilienblase getragen wird, spielte bei der Beurteilung der aktuellen mutmaßlichen ökonomischen Stärke des Vereinigten Königreiches keine Rolle (MacShane 2015, S. 16). Im Gegenteil zeigen britische Umfragen vor dem Brexit, dass 46 % im Falle eines Brexit weiterhin mit sehr guten Beschäftigungsperspektiven in ihrem Land rechneten, 24 % erwarteten sogar ein noch weiteres Absinken der Arbeitslosigkeit, würde das Vereinigte Königreich der EU endgültig den Rücken kehren (Curtice 2016, S. 213).

Ein weiterer Vorteil, der sich in diesem Zusammenhang von einem Austritt aus der EU versprochen wurde, war ein Ende der als übermäßig empfundenen Zahlungen an die EU. Im öffentlichen Bewusstsein dominierte die Vorstellung, dass jeder einzelne britische Steuerzahler jährlich Tausende von Pfund an französische Agrarkonzerne, reiche Profiteure und korrupte, unfähige und verschwendungssüchtige Politiker in den europäischen Institutionen wie auch den anderen EU-Mitgliedsstaaten zahlen müsse, ohne selbst darauf Einfluss nehmen zu können, ein Aspekt, der – wie in Kap. 3 noch ausführlicher dargestellt wird – eine wichtige Rolle in den Kampagnen der Brexit-Befürworter spielen sollte. Dass auch hier die Realität bei näherer Betrachtung anders aussieht und der tägliche Beitrag eines jeden Briten zum EU-Haushalt tatsächlich zuletzt bei 37 Pence pro Tag lag, spielte bei der Beurteilung der EU ebenso wenig eine Rolle (MacShane 2015, S. XI). Dass die Kommission ankündigte, das Vereinigte Königreich solle aufgrund seiner herausragenden Wirtschaftsleistung – entsprechend den geltenden Verträgen – zusätzlich 2,1 Mrd. EUR in den gemeinsamen Haushalt einzahlen, war für viele Britinnen und Briten, auch angeheizt durch wenig sachlich berichtende Medien, schließlich die endgültige Bestätigung, dass die EU dem Vereinigten Königreich und seinen Bürgerinnen und Bürgern nur schade und man sich so schnell wie möglich aus dieser Gemeinschaft verabschieden sollte. Auch an dieser Stelle spielte im Diskurs keine Rolle, dass das Land Ende der 1990er Jahre zusätzlich 700 Mio. Pfund erhalten hatte, um Investitionen in Regionen zu ermöglichen, die zur Regierungszeit von Thatcher und Major in bittere Armut verfallen waren und deren Lebensstandard deutlich unter dem EU-Durchschnitt lag (MacShane 2015, S. 5 f.). Ebensowenig blieb unberücksichtigt, dass das Budget der EU ein Prozent des gesamten Bruttoinlandsprodukts der EU-Mitgliedsstaaten nicht überschreitet, und von diesem Prozent vier Fünftel als Hilfen etwa an Bauern oder arme Regionen zurück in die Mitgliedstaaten fließen – auch in das Vereinigte Königreich. Somit wurde im britischen Diskurs um den Brexit auch übersehen, dass das Land für den Zeitraum von 2014 bis 2020 von der EU elf Milliarden Euro aus verschiedenen Fördertöpfen erhalten sollte (MacShane 2015, S. XII).

3.2 Arbeitsmigration, Flüchtlinge und der Brexit: Britain den Briten

Besonders eklatant zeigte sich die Europaskepsis im Kontext der Migrationsfrage. So sprachen sich im Jahre 2015 51 % der Befragten in einer landesweiten repräsentativen Umfrage dafür aus, dass das Recht von Bürgerinnen und Bürgern aus anderen EU-Staaten, im Vereinigten Königreich zu leben und zu arbeiten, abgeschafft werden solle, und traten somit für ein Ende der Personenfreizügigkeit innerhalb der EU ein; lediglich 27 % stimmten dem nicht zu. 59 % der Befragten sprachen sich zudem dagegen aus, dass Angehörige anderer EU-Staaten freien Zugang zu den Gesundheitsleistungen des National Health Service NHS analog zu Bürgerinnen und Bürgern des Vereinigten Königreichs erhalten sollten, und traten somit für eine Ende des reziproken Zugangs zu dringender medizinischer Hilfe für alle EU-Bürgerinnen und Bürger in allen Mitgliedstaaten der EU ein (Curtice 2016, S. 212).

Führende Politiker anderer EU-Mitgliedstaaten von Angela Merkel bis Manuel Valls, aber ebenso von den EU-Institutionen selbst, wie etwa EU-Kommissionspräsident Jean-Claude Juncker, machten gegenüber London deutlich, dass eine Aufweichung oder gar Abschaffung der Personenfreizügigkeit keine Option darstelle. Sie erteilten damit den Wünschen Londons nach einer Quotenregelung für EU-Ausländer, die zum Leben beziehungsweise Arbeiten ins Vereinigte Königreich einreisen wollen, eine deutliche Absage. Angela Merkel bezeichnete im Jahr 2014 die Frage der Grundfreiheiten sogar als Punkt ohne Wiederkehr, an dem sich entscheiden könne, ob das Vereinigte Königreich weiterhin Mitglied der EU bleibe, wenn es nicht von seiner Forderung nach Opt-Outs in dieser nichtverhandelbaren Frage abrücke. Nichtsdestoweniger bestanden die führenden Eliten aus Politik und Wirtschaft darauf, dass sich die EU den Vorstellungen Londons beuge. In dem Maße, wie sich abzeichnete, dass dies nicht der Fall sein würde, stiegen auch die Zustimmungswerte der Anti-EU-Partei mit dem programmatischen Namen United Kingdom Independence Party UKIP (MacShane 2015, S. XVI f.).

Just zu jenem Zeitpunkt, als dieser Disput seinen Höhepunkt erreichte, begann sich auch noch die Flüchtlingskrise bemerkbar zu machen. Angefacht vor allem durch die Konflikte in Syrien, im Irak und Afghanistan, wie auch vor dem Hintergrund weiterreichender sozio-politischer und sozio-ökonomischer Instabilität in anderen Teilen Afrikas und des Nahen und Mittleren Ostens, erreichte die Zahl der Menschen, die nach Europa flüchteten, immer neue Höchststände. Noch vor dem Ende des Jahres der Unterhauswahlen 2015 verzeichnete die EU einen

Zugang von etwa einer Million Flüchtlinge, wovon allein im Oktober jenes Jahres mehr als 200.000 das Territorium der EU betraten (Goodwin und Milazzo 2015a, S. 4). Der erkennbare Massenzustrom von Migrantinnen und Migranten in die Mitgliedstaaten der EU, allen voran nach Deutschland und Schweden, verbunden mit der Problematik im Hafen von Calais, von wo aus eine Vielzahl von Flüchtlingen versuchte, das Vereinigte Königreich zu erreichen, sorgten für ein Klima, in welchem die britische Identitätskrise (McLaren 2002, 2004) beziehungsweise die Sicherheitskrise mit den vorhandenen anti-europäischen Ressentiments und, wie sich alsbald noch zeigen sollte, den teils offen rassistischen Vorbehalten gegenüber Ausländern verbinden ließ. Hierbei wurde die ohnehin aufgeheizte öffentliche Meinung (Vargos-Silva und Markaki 2015) durch die Politik sogar noch bewusst angefacht, wie etwa durch den britischen Verteidigungsminister Michael Fallon, welcher der EU vorwarf, Großbritannien bewusst mit Immigranten zu überfluten, sodass sich britische Städte aufgrund der Massen derer, die vom Vereinigten Königreich Wohltaten einforderten, im Belagerungszustand befänden (MacShane 2015, S. 11). Zu jener Zeit stufte mehr als die Hälfte der Bevölkerung des Vereinigten Königreichs die Frage der Migration als äußerst kritisches Thema ein. Fast 60 % der Britinnen und Briten waren dabei der Überzeugung, dass die Migration ins Vereinigte Königreich ohne EU-Mitgliedschaft niedriger wäre (Curtice 2016, S. 214). Somit ist es wenig überraschend, dass sich just zu dieser Zeit eine zunehmende Annäherung der Umfragewerte zugunsten eines Austritts des Vereinigten Königreichs aus der EU beziehungsweise gegen einen solchen erkennen lässt. Hatten die Gegner eines Brexit lange Zeit mit gut 15 Prozentpunkten in Führung gelegen, so zeigte sich, dass jene Wählerinnen und Wähler, die sich bis dato als unentschieden eingeschätzt hatten, zusehends in Richtung des Brexit-Lagers tendierten (Goodwin und Milazzo 2015a, S. 4).

3.3 Die Polity-Dimension: Der Effekt von Wahl- und Parteisystem auf den Brexit

Diese zusehends EU-feindliche Haltung fand ihr Pendant auch in der Parteienlandschaft des Vereinigten Königreichs (Ford und Goodwin 2014). Auch die Konservative Partei hatte schon während der letzten beiden Dekaden eine zusehends dezidiert antieuropäische Haltung entwickelt und somit deutlich Abstand von dem Pragmatismus genommen, der die Partei zwischen 1945 und 1995 charakterisiert hatte, wobei erste Ideologisierungstendenzen bereits seit der Regierung Thatcher erkennbar waren. Besagter Pragmatismus wurde jedoch vor allem ab den 1990er Jahren immer deutlicher durch eine hyperglobalistische Ideologie ersetzt, deren Kernbestandteil nationale ökonomische und politische Unabhängigkeit innerhalb eines weltweiten freien Marktes darstellte (Baker et al. 2002). In dieses neue Konzept passte ein sich integrierendes Europa aus Sicht insbesondere des immer nationalistischer werdenden konservativen London immer weniger. Was zunächst als berechtigte Kritik an Defiziten in EG beziehungsweise EU begonnen hatte, entwickelte sich zu einer unreflektierten Verachtung der europäischen Integration und der für dieses Konzept stehenden „Federasten", wie der Abgeordnete William Cash die Befürworter einer Mitgliedschaft des Vereinigten Königreichs in der EU despektierlich bezeichnete. Noch weiter ging der britische Justizminister Chris Grayling, der vor Mitgliedern der Konservativen Partei gelobte, dass eine künftige konservative Regierung Gesetze erlassen werde, welche die Rechtsprechung des Europäischen Gerichtshofs für Menschenrechte nicht mehr anerkenne, was letztlich dazu führen würde, dass das Land aus dem Europarat ausscheiden würde und die Europäische Menschenrechtskonvention, welche auch und gerade im Europakonzept Churchills als tragender Grundpfeiler fungiert hatte, für das Vereinigten Königreich nicht mehr von Relevanz sei (MacShane 2015, S. 10 f.). Die Entfremdung und die populistische undifferenzierte Zurückweisung alles Europäischen, welche an dieser Stelle Eingang in den Diskurs um das euro-britische Verhältnis gefunden hat, wird an dieser Stelle in besonderem Maße deutlich. Die hierin zum Ausdruck kommende Sicht, dass das Vereinigte Königreich kein Teil der EU beziehungsweise eines institutionellen (Kontinental-)Europas sein sollte, konnte sich in diesem Klima zu einer mehrheitsfähigen Überzeugung innerhalb signifikanter Teile der britischen Bevölkerung entwickeln und so den Weg zum Brexit nachhaltig ebnen (MacShane 2015, S. XVIII).

Dies gilt umso mehr, da auch die Labour Partei keineswegs ein Hort europafreundlicher Politik war. Und nicht zuletzt trug auch das spezifische britische Wahlsystem seinen Teil zur Entwicklung bei (Gifford 2014, S. 5). So hat sich nämlich gezeigt, dass Regierungen, die aufgrund eines Mehrheitswahlsystems in einem de facto Zweiparteiensystem agieren, den europaskeptischen Hinterbänklern einen weitaus höheren Grad an Beachtung schenken müssen als dies innerhalb von Regierungskonstellationen der Fall ist, die aus Verhältniswahlen hervorgehen und eher von breiten Regierungen der Mitte charakterisiert sind. Regierungen, die sich wie die britischen, in solch einer Lage befinden, haben als Reaktion auf die regierungsparteiinterne Opposition regelmäßig eine negative Haltung gegenüber der europäischen Integration eingenommen, insbesondere wenn die Unterstützung der Regierung durch die eigene Partei prekär war (Aspinwall 2000, S. 433 ff.). Hinzu kommt in diesem Zusammenhang das Phänomen der Externalisierung der europaskeptischen Opposition (Usherwood 2002), welche den Anstieg eines organisierten Europaskeptizismus in der britischen Innenpolitik begünstigte.

In dieser Situation wurde es möglich, dass die UKIP zur drittwichtigsten Partei im Vereinigten Königreich aufstieg. Ihr Erfolgsrezept dabei war die Vermengung der beiden Themenbereiche Immigration und britische EU-Mitgliedschaft. Mit dieser Strategie gelang es der UKIP bei den britischen Wahlen zum Europaparlament 2014 den größten Stimmenanteil zu erzielen und die größte Anzahl von Sitzen zu sichern. Hierbei folgte das Vereinigte Königreich einem Trend, der sich in vielen anderen Mitgliedsstaaten der EU erkennen ließ, wo ebenfalls europaskeptische Parteien deutliche Gewinne errungen hatten. Gewählt wurde die UKIP vor allem, wenn auch keineswegs ausschließlich, von älteren, weißen Individuen mit niedrigem Bildungsgrad aus der Arbeiterschicht, aber ebenso von Selbstständigen. Neben der virulenten kritischen Haltung gegenüber Zuwanderung war es aber auch eine Unzufriedenheit mit der britischen Politik im Allgemeinen, welche zum Wahlerfolg der UKIP beitrug. Die hohe Zustimmung zur UKIP wurde letztlich, auch wenn es auf den ersten Blick nicht den Anschein erweckt, ebenfalls in den Ergebnissen der Wahlen zum britischen Unterhaus im darauffolgenden Jahr, reflektiert: Dort konnte die UKIP zwar lediglich einen Sitz für sich gewinnen, jedoch verschleiert das Mehrheitswahlrecht den Blick auf die tatsächliche Zustimmung von insgesamt immerhin 12,5 % der Wählerinnen und Wähler. Auch hier waren es Anti-EU, Anti-Westminster und Anti-Zuwanderungsparolen, welche die Attraktivität der Partei ausmachten. Jedoch dürfen weder die Ergebnisse der Europawahl 2014 noch der Unterhauswahl 2015 isoliert betrachtet werden. Die hierin reflektierte Zustimmung zu den Inhalten der UKIP und der hierin implizierte Druck trugen wesentlich dazu bei, dass Cameron das Brexit-Referendum durchführen ließ (Goodwin und Milazzo 2015b; Ford und Goodwin 2014).

3.4   War die Zeit reif für den Brexit? Außenansichten

Dabei gingen die wenigsten Angehörigen der Westminster-Eliten davon aus, dass das Referendum über den Verbleib des Vereinigten Königreiches in der EU tatsächlich negativ ausgehen, ein Brexit Wirklichkeit werden könne (MacShane 2015, S. 4). Doch deuteten viele Zeichen in diese Richtung, diesseits wie jenseits des Ärmelkanals.

In einem offenen Brief im Nouvel Observateur wandte sich der ehemalige französische Premierminister Michel Rocard an „seine englischen Freunde", wie er schrieb. Er wies darauf hin, dass Großbritannien entweder die Konstruktion eines vereinten Europa ohne Wenn und Aber akzeptieren oder gehen solle. Indem das Vereinigte Königreich die EU in Würde verlasse, so Rocard, biete sich die Chance, eine Freundschaft zu erneuern, die schon lange darauf wartet, wiederbelebt zu werden. Dass Rocard mit diesem Wunsch, einer EU ohne das heikle Mitglied Großbritannien, nicht allein dastand, zeigen auch Umfragen, wie die des German Marshall Fund, der 2014 feststellte, dass eine Mehrheit der Franzosen einen Austritt des Vereinigten Königreichs aus der EU begrüßen würden (MacShane 2015, S. 12).

Doch auch diejenigen, welche eigentlich für einen Verbleib der Briten in der EU waren, wie etwa Radek Sikorski, der bis zum September 2014 das Amt des polnischen Außenministers bekleidete, sahen irgendwann keine Alternative mehr zum Brexit. Sikorski, der selbst in den 1980er Jahren vor der kommunistischen Repression geflohen war, Asyl beantragt hatte und dann gemeinsam mit David Cameron und Boris Johnson Mitglied des Bullingdon Club der Universität Oxford war, äußerte sich 2013 warnend in London: „The EU is an English-speaking power. The Single Market was a British idea. A British commissioner runs our diplomatic service. You could, if you wished, lead Europe's defence policy. But if you refuse, please don't expect us to help you wreck or paralyse the EU" (MacShane 2015, S. 16 f.).

Die Gräben waren tief geworden – zu tief für einen Verbleib des Landes in der EU. Auch wenn von den politischen Eliten zumindest teilweise nur als Drohkulisse gedacht, so war der Brexit, selbst wenn er letztlich doch viele überraschte, mehr als nur ein Zufall. Einerseits war es, wie der Blick auf die Geschichte zeigte, das grundlegend unterschiedliche Verständnis von Europa, das auf den beiden Seiten des Ärmelkanals vorherrschte. Es war das Selbstbild des Vereinigten Königreichs und die nach wie vor andere Vision von sich und der Welt. Auf dieser Folie konnten die Protagonisten des Brexit wirken und konnten sich die Argumente der jeweiligen Kampagnen entwickeln.

Die Brexit-Kampagne: Befürworter und Gegner, Erwartungen, Risiken und Illusionen

David Cameron gewann im Dezember 2005 die Wahl zum Vorsitzenden der Kon-

Die Bedeutung einzelner Personen für politische Prozesse ist eine der zentralen Fragen der politikwissenschaftlichen Forschung. Die Kampagne rund um das Brexit-Referendum eignet sich in geradezu idealer Weise für die Verdeutlichung der Bedeutung einzelner Personen im Sinne des Paradigmas „individuals matter" (Byman und Pollack 2001), wobei hier stellvertretend für die beiden „Lager" auf die Protagonisten David Cameron, Boris Johnson, Jeremy Corbyn, Nigel Farage und Nicola Sturgeon eingegangen wird. Neben der Verdeutlichung der Bedeutung dieser „Hauptdarsteller" werden in diesem Kapitel ebenso die Hauptthesen des Wahlkampfes, die von den zentralen Persönlichkeiten vertreten wurden, vorgestellt und auf ihre Validität hin analysiert. Ebenso erfolgt von einem demokratietheoretischen Standpunkt aus eine stärker normativ geprägte Analyse des Wahlkampfes.

4.1   Die Protagonisten des Wahlkampfes

David Cameron gewann im Dezember 2005 die Wahl zum Vorsitzenden der Konservativen Partei, nachdem die Partei in den drei vorausgehenden Wahlen 1997, 2001 sowie 2005 jeweils mit deutlichem Abstand gegen den Labour-Premierminister Tony Blair und das von ihm konzipierte Projekt *„New Labour"* verloren hatte (Heppell 2013). Als einer der Gründe, welcher für diese drei aufeinanderfolgenden Wahlniederlagen ausgemacht wurde, erschien das überkommene Profil der Konservativen Partei, welches immer noch dem Thatcherismus zugeordnet werden konnte und somit Steuersenkungen befürwortete, stark euroskeptisch ausgelegt war und in gesellschaftlichen Fragen sehr wertekonservativ auftrat und welches auch von Camerons stärksten Konkurrenten um den Parteivorsitz, David

© Springer Fachmedien Wiesbaden 2017
A. Niedermeier und W. Ridder, *Das Brexit-Referendum,* essentials,
DOI 10.1007/978-3-658-15633-6_4

Davis und Liam Fox, vertreten wurde (Quinn 2015, S. 108–109). Cameron dagegen wurde verbreitet als „Modernisierer" der Partei wahrgenommen (Heppell und Hill 2009), wenn seine Abkehr von den alten Idealen des Thatcherismus auch keineswegs als vollständig beschrieben werden konnte: „Cameron tilted towards Thatcherite orthodoxy on the economy and Europe, albeit that he may be best described as dry and soft in his Euroscepticism. He deviated from Thatcherism on social, moral and sexual matters" (Heppell 2014, S. 135). Eben diese Tatsache aber, dass David Cameron somit keineswegs als „pro-Europäer" dargestellt werden kann, sondern wenigstens in Teilen eindeutig und auch nach eigener Aussage dem traditionellen Euroskeptizismus der Conservatives verhaftet blieb (MacShane 2015, S. 113), stellte nun für den Gang der Remain-Kampagne ein nicht zu unterschätzendes Problem dar. Getrieben von den leidenschaftlichen Europagegnern in seiner eigenen Partei sowie durch gefühlte oder tatsächlich vorhandene Zugewinne von UKIP in den Umfragen hatte Cameron sich 2013 dazu hinreißen lassen, auch und vor allem zum Zwecke des eigenen Machterhalts und der Einigung der Konservativen Partei ein Referendum über den Verbleib Großbritanniens in der EU anzusetzen (Bastian und Slodczyk 2016). Nun fiel ihm dadurch die Aufgabe zu, glaubwürdig bei den Wählerinnen und Wählern um die Zustimmung zu seinem Kurs zu werben. Wie sich am 23. Juni 2016 zeigen sollte, war er dieser Aufgabe nicht gewachsen und wurde hierdurch zu demjenigen Mann, der „versehentlich Europa opferte" (Ladipo 2016a).

Camerons großer Antipode war hierbei Boris Johnson, welcher von 2008 bis 2016 Bürgermeister der Stadt London war und bemerkenswerter Weise wie Cameron ein Mitglied der Tories ist. Johnsons Mitgliedschaft im Lager der Brexit-Befürworter nahm ihren Anfang am 19. Februar 2016, als David Cameron vom viel beschworenen Brüsseler Reformgipfel heim nach Großbritannien kehrte und den britischen Bürgern basierend auf einigen Zugeständnissen der restlichen EU-Mitgliedsstaaten – das wichtigste hierunter war sicherlich die Möglichkeit, nach Großbritannien zuwandernde EU-Bürger bis zu vier Jahre von Sozialleistungen ausnehmen zu können – ein Votum für den Verbleib in der EU empfahl (Krupa 2016). Die seiner Meinung nach vollkommen unzureichenden Zugeständnisse der EU-Partnerländer bewogen Johnson dazu, in seiner Kolumne in der britischen Tageszeitung Daily Telegraph eine energische pro-Brexit-Haltung einzunehmen, wenn er auch im Vorfeld der Veröffentlichung zusätzlich zu der veröffentlichen Kolumne eine Version verfasst hatte, die sich für den Verbleib Großbritanniens in der EU aussprach (Lowe 2016). Die Auswirkung dieser Entscheidung, die pro-Brexit-Version zu publizieren, war ziemlich offensichtlich: „Johnson hätte sich genauso gut für die andere Seite, für David Cameron und für einen Verbleib in der Europäischen Union entscheiden können. Dann hätte das

Ergebnis des Referendums mit Sicherheit anders ausgesehen" (Ladipo 2016b). Dies ist nicht weiter verwunderlich, da Johnson die einzige wirklich zugkräftige und Begeisterung auslösende Figur innerhalb der Brexit-Kampagne war und sowohl die beiden weiteren Führungspersönlichkeiten der Brexit-Kampagne, die Labour-Abgeordnete Gisela Stuart und den Tory-Justizminister Michael Gove, als auch den UKIP-Chef Nigel Farage hinsichtlich Beliebtheit in der Öffentlichkeit um Längen übertraf (Watt 2016). Pikant an der Positionierung von Johnson war auch, dass seine Entscheidung, sich gegen einen Verbleib Großbritanniens in der EU einzusetzen, quasi einen Verrat an seinem Freund David Cameron darstellte (Ladipo 2016b).

Die Bedeutung Johnsons für die Brexit-Kampagne kann noch weiter durch den Umstand unterstrichen werden, dass selbst Nigel Farage, immerhin Vorsitzender und Gründungsmitglied der erst 1993 gegründeten United Kingdom Independence Party (für deren Aufstieg, Programm und Erfolge insb. bei den Europawahlen von 2009 und 2014 vgl. Abedi und Lundberg 2009; Hayton 2010; Ford und Goodwin 2014; Tournier-Sol 2015), für den pro-Brexit-Wahlkampf eher von untergeordneter Bedeutung war, obwohl es in der Abstimmung um nicht weniger als Farages Lebenswerk ging (Liddle 2016). So war Farage beispielsweise nicht Mitglied der offiziellen „Vote Leave"-Initiative, welche bei den Wählern vor allem mit wirtschaftlichen Argumenten um Zustimmung zu ihrem Anliegen warb, sondern stand der sogenannten „Leave.EU"-Kampagne deutlich näher, welche in ihrem Wahlkampf sehr viel stärker auf Migrationsaspekte abstellte (Payne 2015). Eine erstaunlich zurückhaltende Rolle während des Wahlkampfes spielte der Labour-Parteivorsitzende Jeremy Corbyn, welcher die Partei erst seit dem 12. September 2015 führt. Wie Cameron trat auch Corbyn offiziell für einen Verbleib des Vereinigten Königreiches in der EU ein, ebenso wie Cameron war aber auch Corbyn durchaus mit einem Glaubwürdigkeitsproblem in dieser Sache konfrontiert. So äußerte sich Corbyn im Vorfeld des Referendums nicht nur wiederholt im höchsten Maße kritisch gegenüber der EU, sondern er räumte ebenso ein, beim ersten Referendum über die EG-Mitgliedschaft im Jahre 1975 für den Austritt Großbritanniens votiert zu haben (Daily Telegraph 2015). Darüber hinaus ließ Corbyn – zumindest in den Augen seiner parteiinternen Kritiker (BBC 2016c) – ganz allgemein Einsatz und Leidenschaft für die Remain-Kampagne vermissen, wobei er seinen Kritikern durchaus auch selbst Vorschub leistete indem er einräumte, er persönlich würde sich auf einer zehn Punkte umfassenden „Leidenschaftsskala" für den EU-Verbleib lediglich eine Sieben zuschreiben (BBC 2016i). Mit sehr viel mehr Leidenschaft zog dagegen die schottische Erste Ministerin Nicola Sturgeon von der Scottish National Party (SNP) in den Wahlkampf. Grundsätzlich kann dies nicht überraschen, ist die SNP doch eine

„europafreundliche Partei" (Sturm 2015, S. 24) und die schottische Bevölkerung in ihrer Mehrheit der EU gegenüber recht positiv eingestellt (Sturm 2015, S. 34). Während Sturgeon sich in der Frühphase des Wahlkampfes eher dadurch hervortat, der Remain-Kampagne Unzulänglichkeiten vorzuwerfen und im Falle eines Brexit die Möglichkeit eines erneuten schottischen Unabhängigkeitsreferendums anzudeuten, verschärfte sie im Angesicht der Meinungsumfragen, die einen konstanten Vorsprung für die Brexit-Befürworter prognostizierten, massiv den Ton und warf den Brexiteers innerhalb der Konservativen Partei vor, nicht nur den Ausstieg Großbritanniens aus der EU anzustreben, sondern hierdurch ebenfalls eine Übernahme der Tories durch dessen rechten und „thatcheristischen" Parteiflügel zu planen, um hierdurch wiederum ein Programm des „sozialen Kahlschlags" inkl. des Abbaus von Arbeitnehmerrechten und Kündigungsschutz sowie einer weiteren Verschärfung des Austeritätsprogrammes der Regierung durchsetzen zu können (Johnson 2016).

Es wurde durch diese Übersicht über die Positionen der führenden Persönlichkeiten bereits angedeutet, dass zwischen den Protagonisten viel Potenzial für einen harten und heftig umkämpften Wahlkampf vorhanden war. Die zentralen Argumente beider Seiten prallten relativ unvereinbar aufeinander, und Anstand sowie Ehrlichkeit litten zuweilen unter der Intensität der Debatte. Dies ging letztlich so weit, dass schließlich sogar ein politischer Mord den tragischen Tiefpunkt des Referendumswahlkampfes bildete.

4.2 Die zentralen Argumente der Brexit-Befürworter

Einen der Hauptpunkte der Brexit-Befürworter bildeten die britischen Zahlungen an die EU. Nach Angaben von „Vote Leave" und „Leave.EU" würde Großbritannien jede Woche Zahlungen in Höhe von 350 Mio. Pfund an Brüssel richten. Dieses Geld, so die Kampagne, wäre sehr viel besser angelegt, wenn damit beispielsweise der britische National Health Service (NHS) finanziell besser ausgestattet würde (Griffin 2016). Bereits während der Kampagne allerdings wiesen zahlreiche Stimmen, unter ihnen Medien, Forschungsinstitute sowie die Statistikbehörde des Vereinigten Königreiches, darauf hin, dass dieser zentrale Slogan der Brexit-Befürworter schlicht und ergreifend falsch sei. Während der jährliche Beitrag Großbritanniens an die EU zwar tatsächlich bei insgesamt 17,8 Mrd. Pfund liegt – was rund 342 Mio. Pfund pro Woche entspräche –, müssten bei einer korrekten Berechnung der Kosten der britischen EU-Mitgliedschaft hiervon zunächst der berühmte von Margaret Thatcher ausgehandelte „Britenrabatt" in

Höhe von 4,9 Mrd. Pfund sowie die Zahlungen der EU an den britischen Privat-sektor sowie die britische öffentliche Hand in Höhe von 5,8 Mrd. Pfund abgezo-gen werden. Im Ergebnis betragen die Kosten der britischen EU-Mitgliedschaft lediglich noch 7,1 Mrd. Pfund, was 136 Mio. Pfund pro Woche entspricht (vgl. für diese Zahlen Henley 2016). Ungeachtet dieser offensichtlichen Unhalt-barkeit bildete der Slogan „We send the EU £ 50 million a day – let's fund our NHS instead" während der gesamten Brexit-Kampagne einen festen und zentra-len Bestandteil des Werbens um die Zustimmung der Wähler und prangte sogar auf der Seite des Wahlkampfbusses, mit welchem vor allem Boris Johnson durch Großbritannien reiste und welcher häufig als Hintergrund für seine Auftritte fun-gierte (Stewart und Mason 2016a). Daher konnte die umfassende Verwunderung angesichts der Tatsache, dass Brexit-Befürworter diesen Slogan entweder – wie Nigel Farage – bereits am Morgen nach der Bekanntgabe entweder als „Fehler" bezeichneten und nichts mehr davon wissen wollten (Stone 2016) oder – wie die offizielle „Vote Leave"-Kampagne – schlicht heimlich zu beerdigen versuchten (Griffin 2016), kaum überraschen. Ein weiterer Slogan, der ein Herzstück der Brexit-Kampagne bildete und ebenfalls auf Boris Johnsons berüchtigtem Tour-bus angebracht war, lautete „Let's take back control". Hiermit spielten die Bre-xiteers sowohl im Besonderen auf die ihrer Meinung nach überhandnehmende und aufgrund der Freizügigkeitsregelung nicht zu beschränkende Zuwanderung nach Großbritannien aus EU-Mitgliedsstaaten (Khomami 2016) als auch generell auf die wiederherzustellende britische Parlamentssouveränität (vgl. hierzu allge-mein Gee und Young 2016), also auf ein Ende der „Brüsseler Fremdherrschaft" (Economist 2016a), an. Auch gegen diese Argumente für den Brexit richtete sich allerdings bereits im Zuge der Kampagne heftige Kritik, welche vor allem darauf abstellte, dass auch ein Austritt des UK aus der EU mit an Sicherheit grenzender Wahrscheinlichkeit nicht zu einer Eindämmung der „Zuwanderungskrise" füh-ren würde (Sriskandarajah 2016). Dies liege, so die Kritiker des Slogans, bereits an dem Umstand, dass Großbritannien, sofern es nach einem Brexit den Zugang zum Binnenmarkt erhalten möchte, nicht um das weitere Zugeständnis der Frei-zügigkeit für EU-Bürger vorbeikommen werde. In diesem Zusammenhang kön-nen auch die Zweifel an der Wiederherstellung der Parlamentssouveränität durch einen Brexit gesehen werden, da Großbritannien im Gegenzug für den weiteren Zugang zum Binnenmarkt nach einem Brexit nicht umhinkommen würde, wei-terhin das EU-Regelwerk zu akzeptieren, so wie dies etwa für das Nicht-EU-Mit-glied Norwegen gilt. Die einzige Änderung hieran nach einem Brexit bestünde darin, dass Großbritannien nun keinen Einfluss mehr auf das Zustandekommen dieser Regelungen hätte (Wolf 2016). In erstaunlicher Parallele zur Rücknahme der Aussagen hinsichtlich der 350 Mio. Pfund pro Woche dauerte es nach der Verkündung der Ergebnisse auch in diesem Punkt nicht lange, bis die Vertreter der Brexit-Kampagne damit begannen, die Versprechungen zu relativieren. So räumte das führende Brexit-Kampagnenmitglied Daniel Hannan nur wenige Tage nach dem Referendum unumwunden ein, dass es wohl keinen Weg gäbe, die Einwanderung aus EU-Mitgliedsstaaten zu begrenzen, da Großbritannien auf den Zugang zum Binnenmarkt angewiesen sei: „Frankly, if people watching think that they have voted and there is now going to be zero immigration from the EU, they are going to be disappointed" (zitiert nach Agerholm 2016a). In eine ganz ähnliche Richtung bewegte sich der Tory-Parlamentsabgeordnete Nigel Evans, welcher nach Verkündung der Ergebnisse aussagte, der Slogan sei hinsichtlich der Einwanderung „missverständlich" formuliert gewesen; so gehe es nämlich nur um die Wiedererlangung der Kontrolle über die Einwanderungszahlen, diese Kontrolle müsse aber nicht tatsächlich auch in eine Reduzierung derselben münden (Agerholm 2016b).

Das Thema Migration stellte aber nicht lediglich einen von mehreren erbitterten Streitpunkten im Referendumswahlkampf dar, sondern offenbarte auch die vergiftete Atmosphäre, in welcher die Kampagne für und gegen den Brexit ausgetragen wurde. So veröffentlichte UKIP-Chef Farage nämlich Mitte Juni ein Wahlkampfposter, welches übertitelt war mit dem Slogan „Breaking point: the EU has failed us all. We must break free from the EU and take back control" und welches eine große Menge von Migranten und/oder Geflüchteten darstellte (Stewart und Mason 2016b). Massive Empörung schlug Farage insbesondere deswegen entgegen, weil das Poster nach Meinung vieler Kritiker ein offensichtlicher Versuch der Aufstachelung zum Rassenhass sei, da es suggeriere, die nach Großbritannien einwandernden Personen seien ausschließlich nicht-weiß (Stewart und Mason 2016b).

Über diese monetären und – wenigstens partiell – xenophoben Elemente des Wahlkampfes hinaus bildeten auch wirtschaftliche Argumente einen wichtigen Bestandteil der Brexit-Kampagne. So argumentierten Johnson, Farage & Co. nämlich, dass eine fortgesetzte Mitgliedschaft des UK in der EU im Wesentlichen aus drei Gründen nachteilig für die britische Wirtschaft sei (vgl. hierfür Wolf 2016): Erstens würde die EU-Mitgliedschaft Großbritannien die Möglichkeit verschließen, eigenständig weitere Absatzmärkte für Produkte der britischen Wirtschaft zu erschließen. Zweitens behindere die im Durchschnitt verhältnismäßig langsam wachsende EU-Wirtschaft wiederum das Wirtschaftswachstum in Großbritannien, während ein von der EU-Mitgliedschaft „befreites" Vereinigtes Königreich sich in einer besseren Position in Bezug auf den Welthandel befinden würde. Und drittens schließlich würde ein EU-Austritt sowohl die Distanz zwischen Großbritannien und einem möglichen Zusammenbruch der Eurozone vergrößern (und hierdurch möglichen Schaden für die britische Wirtschaft mindern) als auch Großbritannien davor bewahren, durch die weitere Vertiefung und den weiteren Ausbau der Eurozone „durch die Hintertür" in eine politische Union gezwungen zu werden. Wie Wolf (2016) deutlich und bereits rund zwei Monate vor dem Referendum zeigte, hält keines dieser drei Argumente für einen Brexit einer Plausibilitätsprüfung stand. So ist insbesondere das Argument, eine fortgesetzte EU-Mitgliedschaft behindere Großbritanniens Position auf dem Weltmarkt und hindere das Land am Handel mit Drittländern, bereits aufgrund des Beispiels der deutschen Exportüberschüsse in Länder außerhalb der EU offensichtlich nicht nachvollziehbar. Auch das Argument, die EU-Mitgliedschaft behindere die Erschließung neuer Absatzmärkte ganz allgemein, ist ganz offensichtlich nicht korrekt, so Wolf (2016): „[T]he EU was a moving force in three successful global trade negotiations: the Kennedy, Tokyo and Uruguay rounds. It has increasingly turned towards preferential trade arrangements. The clout of the EU gives it far greater capacity to open up the markets of, say, China, India or the US than the UK could do on its own".

4.3   Die zentralen Argumente der Remain-Kampagne

Angesichts des Umstandes, dass die Zustimmung zum Brexit offiziell lediglich von UKIP und Teilen der Konservativen offensiv propagiert wurde und dass ferner die zentralen Bestandteile der Brexit-Kampagne ganz offensichtlich nicht korrekt waren und teils sogar „an den Haaren herbeigezogen" wirken müssen, fällt es umso schwerer nachzuvollziehen, aus welchen Gründen die Remain-Kampagne einen solch schweren Stand bei den Wählern hatte, dass die abstimmungsberechtigte Bevölkerung schließlich tatsächlich für den Brexit stimmte. Zusätzlich zu den bereits dargestellten Glaubwürdigkeitsproblemen der Führungspersönlichkeiten bei den Tories und Labour sowie dem mangelnden Einsatz Corbyns gegen den Brexit liegt der Schluss nahe, dass auch die Argumente der Remain-Kampagne nicht in der britischen Bevölkerung verfingen. Diese Argumente, insbesondere in der von David Cameron vorgetragenen Form, stellten vor allem auf die Risiken und Unsicherheiten eines Austritts Großbritanniens aus der EU ab, und verzichteten weitestgehend darauf, den britischen Wählerinnen und Wählern den Nutzen und das Potenzial einer fortgesetzten britischen Beteiligung am Projekt „Europäische Integration" darzulegen. Kritiker von Camerons Kampagne warfen ihm daher – wenig überraschend – die Konzipierung eines „project fear" (Jenkins S., 2016) bzw. einer Kampagne des „scaremongering" (Asthana und Mason 2016), also Panikmache, vor. So führte Cameron bei verschiedenen Gelegenheiten aus, dass ein Austritt Großbritanniens aus der EU die Gefahr eines Rückfalls Europas in die alten Zeiten der Großmächterivalität bedeuten könnte und somit durch einen Brexit die Gefahr von Kriegen in Mitteleuropa steigen würde (Jenkins S., 2016). Die weiteren Bestandteile von Camerons Argumentation für den Verbleib Großbritanniens in der EU lassen sich geradezu paradigmatisch anhand einer überparteilichen Wahlkampfveranstaltung – neben Cameron nahmen führende Politiker der Grünen und der Liberaldemokraten sowie die ehemaligen Premierminister John Major (Tories) und Gordon Brown (Labour) ebenso teil wie Gewerkschaftsführer und Vertreter der britischen Wirtschaft – illustrieren, welche am Tag vor dem Referendum abgehalten wurde (vgl. hierzu Stewart et al. 2016). Im Rahmen dieser Veranstaltung sagte Cameron, die Wählerinnen und Wähler dürften sich nicht von den Unwahrheiten der Brexit-Befürworter blenden lassen und sollten stattdessen für einen Verbleib Großbritanniens in der EU stimmen, da ansonsten ein Verlust britischer Arbeitsplätze sowie ein Einbruch der britischen Wirtschaft drohen würde (Stewart et al. 2016). Trotz seines verhaltenen Enthusiasmus hinsichtlich eines Verbleibs in der EU ließ auch der Labour-Vorsitzende Jeremy Corbyn grundsätzlich keinen Zweifel daran, dass die Position der Labour Party in einer deutlichen Unterstützung der Remain-Kampagne besteht. Und ganz im Gegensatz zu Cameron hob Corbyn durchaus auch die positiven Seiten der EU-Mitgliedschaft Großbritanniens hervor und konzentrierte sich nicht weitgehend auf die Risiken eines Austritts, indem er ausführte:

> We, the Labour Party, are overwhelmingly for staying in, because we believe the European Union has brought investment, jobs and protection for workers, consumers and the environment [...]. But also because we recognise that our membership offers a crucial route to meeting the challenges we face in the 21st century, on climate change, on restraining the power of global corporations and ensuring they pay fair taxes, on tackling cyber-crime and terrorism, on ensuring trade is fair with protections for workers and consumers and in addressing refugee movements (BBC 2016j).

Auch weite Teile der britischen Medien schlugen sich auf die Seite der Remain-Befürworter, und ebenso wie bei Corbyn ist der Unterschied zu den Verlautbarungen von Cameron frappierend. So findet sich hier nämlich auch ein durchaus beachtliches Maß an Reflexion über den Umstand, aus welchen Gründen die Brexit-Befürworter solch hohen Zuspruch verbuchen können. So schreibt etwa die Tageszeitung Guardian in einer Empfehlung an seine Leser, für den Verbleib in der EU zu stimmen (vgl. für diese Empfehlung der Redaktion Stewart et al. 2016):

> Thursday's vote is in some ways a choice between an imaginary past of which too many in this country cannot let go and a future about which all of us are inescapably uncertain. If it goes in favour of leave, it will hand Britain's young people a country that most of them do not intend to vote for. Is that fair? It may push Scottish nationalists to proceed with a break-up of Britain that was rejected less than two years ago. Is that responsible? It will put the settlement in Northern Ireland at risk. Is that worth it?

Zudem beschreibt die Redaktion des Guardian die positiven, verheißungsvollen und erstrebenswerten Aspekte einer Wahlentscheidung zugunsten der EU (aaO): „Thursday's vote has become a turn-in-the-road issue for Britain and Europe alike. Imagine a world without the EU – without the clout to face down Russia over Ukraine, the ability to put together coherent answers to carbon emissions, to protect standards at work."

Und ferner nimmt die Zeitung die EU in geradezu wohltuender Art und Weise gegen die oftmals unreflektierte und vollkommen überzogene Kritik ihrer Gegner in Schutz, indem ausgeführt wird (aaO):

> Like democracy, the EU is an imperfect way of answering the modern world's unrelenting challenges. But the answer to its imperfections is to reform them, not to walk away. The EU is not just the least bad of the available options. It is also the one that embodies the best of us as a free people in a peaceful Europe. Vote this week. Vote for a united country that reaches out to the world, and vote against a divided nation that turns inwards. Vote to remain.

4.4   Die Schmutzkampagne und die Ermordung von Jo Cox

Diese abwägenden Worte des Guardian können allerdings eindeutig nicht – wie bereits angedeutet wurde – in irgendeiner Weise als repräsentativ für die Auseinandersetzung zwischen Befürwortern und Gegnern des Brexit angesehen werden. Vielmehr kommt man wohl kaum umhin, den Wahlkampf wenigstens in Teilen als Schmutzkampagne einzustufen. Nicht nur das bereits dargestellte hochumstrittene „Anti-Migranten-Poster" von Nigel Farage ist hierfür ein Beispiel, sondern auch die völlige Zerrüttung des Verhältnisses zwischen Boris Johnson und David Cameron, zu dessen Beschreibung sich McTague (2016) des Euphemismus von den „ausgezogenen Samthandschuhen" bedient. Auch die Diskussion um die Prognosen von Wirtschaftswissenschaftlern, wonach ein Brexit mit an Sicherheit grenzender Wahrscheinlichkeit zu erheblichen ökonomischen Verwerfungen führen würde, sorgte für einen Skandal. So ließ sich Brexit-Befürworter Michael Gove nämlich dazu hinreißen, das Übergewicht dieser Expertenmeinungen gegenüber denjenigen Meinungen, die einen Brexit für die britische Wirtschaft als mehr oder weniger harmlos einstuften, mit den nationalsozialistischen Diskreditierungsversuchen gegenüber Albert Einstein zu vergleichen (Wright 2016). Doch damit nicht genug der Nazivergleiche: Auch Boris Johnson führte einen solchen in die Debatte ein, indem er sich dazu verstieg darzulegen, dass die Europäische Integration im Grunde der Versuch der Wiederherstellung eines geeinten Europas nach dem Muster des Römischen Reiches sei und sich die EU von „Vorgängern" hinsichtlich dieses Versuches wie Napoleon Bonaparte oder Adolf Hitler lediglich in der gewählten Methode, nicht aber in Bezug auf die unlauteren Absichten, unterscheide (Cowburn 2016b). Erst als Johnson, dem „egomanen Populisten" (Rásonyi 2016), in dieser Sache ein äußerst kritisches Medienecho entgegenschlug, schwächte er seine Aussage dahin gehend ab, dass er lediglich die antidemokratische Dimension der EU habe unterstreichen wollen (Cowburn 2016b).

Den vorläufigen Tiefpunkt des Wahlkampfes stellte schließlich das bereits genannte „Breaking Point"-Poster von Nigel Farage dar, welches sogar führende Mitglieder der Brexit-Kampagne wie Michael Gove „erschaudern" ließ und Baroness Warsi, die bis zum Jahr 2014 einen Staatssekretärsposten im britischen Außenministerium bekleidet hatte, dazu verleitete, angesichts des Ausmaßes an „hate and xenophobia" auf der Seite der Austrittsbefürworter ins Lager der Brexit-Gegner zu wechseln (BBC 2016k). Der ultimative Tiefpunkt allerdings sollte erst am 16. Juni 2016, also genau eine Woche vor der Abstimmung erreicht werden, als ein 52-jähriger Mann mit Verbindungen zu britischen Nationalisten und zur Neonazi-Szene die britische Parlamentsabgeordnete Jo Cox ermordete und hierbei wiederholt den Spruch „Death to traitors, freedom for Britain" ausrief (McTague und Surk 2016). Zwar ist nicht ersichtlich, inwiefern der Mörder von Jo Cox direkt durch die Intensität und Hitzigkeit der Debatte zu seiner Tat motiviert wurde, der auf die Brexit-Entscheidung folgende erhebliche Anstieg von fremdenfeindlichen Übergriffen und Straftaten in Großbritannien (vgl. hierzu Sherwood et al. 2016) zeigt aber recht deutlich, welches Gift der erhitzte Wahlkampf um das Referendum in die öffentliche Debatte injiziert hat.

Nach dem Brexit: Quo vadis, Britannia – quo vadis, Europa? 5

Die Ermordung von Jo Cox führte zu einer dreitätigen Unterbrechung des Wahlkampfes durch alle Beteiligten. Während ab dem Beginn der „heißen Phase" des Wahlkampfes bis zu dieser Tat im Durchschnitt eher die Anhänger des Brexit in den Meinungsumfragen in Front gelegen hatten, schien sich nach der Tat zunächst ein Umschwung in der Meinung der Bevölkerung zugunsten von Remain anzudeuten (Economist 2016b). Die letzte Umfrage, die vor der Bekanntgabe der Ergebnisse veröffentlicht wurde, sah die Befürworter des britischen Verbleibs in der EU demzufolge auch knapp, und zwar mit 52:48 %, vorne (Gross 2016b). Auch nach dem Schließen der Wahllokale sah es dann zunächst aufgrund der Nachwahlbefragungen und der ersten Ergebnisse danach aus, als ob das Remain-Lager tatsächlich die Mehrheit der abgegebenen Stimmen auf sich vereinigen würde. Im Laufe der Nacht allerdings kehrte sich dieses Bild deutlich um, bis schließlich am frühen Morgen des 24.07.2016 klar wurde, dass die Briten womöglich doch für den Brexit gestimmt hatten, wodurch in einer ersten Reaktion sowohl das britische Pfund als auch die Börsen in Asien auf Talfahrt geschickt wurden (FAZ 2016a). Am Vormittag schließlich stand nach Auszählung aller Stimmen das Endergebnis des Referendums fest: Für den Austritt des Vereinigten Königreiches hatten 17.410.742 Personen (51,9 %) gestimmt, für den Verbleib lediglich 16.141.241 Personen (48,1 %). Die Wahlbeteiligung lag bei 72,21 % (Busquets Guàrdia 2016).

© Springer Fachmedien Wiesbaden 2017
A. Niedermeier und W. Ridder, *Das Brexit-Referendum*, essentials,
DOI 10.1007/978-3-658-15633-6_5

5.1   Das Wahlergebnis: Demografie und Geografie

Während angesichts der Umfragen, die im Vorfeld des Referendums veröffentlicht wurden, das grundsätzliche Ergebnis wohl kaum einen solchen Schock darstellen konnte, als welcher das Ergebnis verschiedentlich wahrgenommen wurde, hält ein genauer Blick auf das detaillierte Wahlergebnis dann doch wesentliche Überraschungen bereit. Zum einen zeigt der Blick auf die Landkarte Großbritanniens, dass sich die beiden Lager Brexit und Remain klar geografisch voneinander abgrenzen lassen. So zeigt sich nämlich, dass der Brexit ausschließlich ein englisch-walisisches Anliegen war. Während sich in Schottland eine deutliche Mehrheit von 1.661.191 Abstimmenden für den Verbleib aussprach und lediglich 1.018.322 Stimmen für den Brexit abgegeben wurden, in Nordirland das Abstimmungsverhältnis bei 440.707 Stimmen zu 349.442 für Remain lag und im ebenfalls abstimmenden Gibraltar sich sogar eine überwältigende Mehrheit von 96 % gegen den Brexit aussprach, fand sich in England und Wales mit der prominenten Ausnahme von London (2.263.519 für den Verbleib gegenüber 1.513.232 für den Austritt) in keiner weiteren der zehn Regionen eine Mehrheit für den Verbleib in der EU (Armstrong 2016). Auch hinsichtlich des Zusammenhangs von Alter und Bildung mit der Abstimmungsentscheidung offenbaren sich klare Trennlinien. So zeigt sich, dass die Alterskohorte der 18- bis 24-Jährigen mit einer Mehrheit von 75 % für den Verbleib Großbritanniens in der EU gestimmt hatte. In den Alterskohorten der 25- bis 49-Jährigen und der 50- bis 64-Jährigen nahm die Zustimmung zur EU dann allerdings rapide ab und lag nur noch bei 56 bzw. gar nur noch bei 44 %. Bei den Abstimmenden über 65 Jahren schließlich sprachen sich lediglich noch 39 % für die weitere Zugehörigkeit Großbritanniens zur EU aus (Busquets Guàrdia 2016).

Die sich hieraus ergebenden Proteste von Teilen der jüngeren britischen Bevölkerung, in deren Rahmen der Vorwurf erhoben wurde, die ältere Bevölkerung habe eine zukunftsweisende Entscheidung getroffen, womit die jüngere Bevölkerung nun leben müsse (Shuster 2016), erscheinen allerdings kaum zu rechtfertigen, wenn man einen Blick auf die unterschiedliche Wahlbeteiligung der oben dargestellten Alterskohorten wirft. Hieraus wird nämlich ersichtlich, dass von den 18-bis 24-jährigen Abstimmungsberechtigten lediglich 36 % an dem Referendum teilnahmen, wohingegen 83 % der über 65-Jährigen abstimmten (Khalaf 2016). Es scheint also weniger ein Fall von „Generationenungerechtigkeit" in dem Sinne vorzuliegen, dass die jüngeren Wähler von der älteren Bevölkerungsschicht schlicht überstimmt wurde, sondern sehr viel eher ein verhältnismäßig typisches Beispiel für die Effekte einer weniger

„teilnahmefreudigen" jüngeren Bevölkerungsschicht auf das Ergebnis einer Wahl vorzuliegen (vgl. zu dieser Problematik allg. Abendschön und Roßteutscher 2016, S. 72–73). Neben dem Alter ist auch der Zusammenhang des Faktors Bildung mit der Abstimmungsentscheidung offensichtlich. Während nämlich solche Wählerinnen und Wähler, die lediglich die High School abgeschlossen haben, zu 66 % für den Austritt und lediglich zu 34 % für den Verbleib des Vereinigten Königreiches in der EU gestimmt hatten, votierten bereits diejenigen Wählerinnen und Wähler, die das Sixth Form College abgeschlossen haben (und somit über einen Abschluss verfügen, der mit dem deutschen Abitur vergleichbar ist) zu 54 % für den Verbleib und lediglich zu 46 % für den Brexit. Derjenige Teil der britischen Bevölkerung, der über einen universitären Abschluss verfügt, votierte schließlich sogar mit 77 % für den Verbleib (Busquets Guàrdia 2016).

Sehr pointiert fasst die britische BBC (2016a) das Ergebnis zusammen: Von den 30 Abstimmungsbezirken:

in denen die meisten alten Menschen wohnen, votierte in 27 die Mehrheit für den Brexit,

in denen die wenigsten Personen mit Universitätsabschluss wohnen, votierten 28 für den Austritt

in denen sich die meisten Personen als „englisch" bezeichnen, votierten alle für den Austritt des Vereinigten Königreiches aus der EU.

Während somit das Ergebnis des Referendums relativ eindeutig ausfiel, war und ist ganz im Gegenteil hierzu weitestgehend unklar, wie genau sich der Trennungsprozess des Vereinigten Königreiches von der Europäischen Union vollziehen soll. Während der seit dem Jahr 2009 in Kraft befindliche Vertrag über die Europäische Union (EUV) zwar ein grundsätzliches rudimentäres rechtliches Rahmenwerk vorgibt, zeichnete sich die Referendumskampagne der Brexit-Befürworter insbesondere auch durch ein vollkommendes Fehlen einer Strategie für den Fall des Erfolges aus.

5.2 Die Austrittsregelung im Vertrag über die Europäische Union

Der Vertrag über die Europäische Union sieht in Artikel 50 vor, dass jeder Mitgliedsstaat „im Einklang mit seinen verfassungsrechtlichen Vorschriften" (Absatz 1) beschließen kann, aus der EU auszutreten. Hierzu muss der austrittswillige Staat dem Europäischen Rat, also der Versammlung der Staats- und Regierungschefs der Mitgliedsstaaten der EU, diese Absicht mitteilen, woraufhin eine zweijährige Frist ausgelöst wird. Innerhalb dieser zwei Jahre ist zwischen dem austrittswilligen Staat und der EU ein Abkommen über die Abwicklung der Mitgliedschaft sowie über die künftigen Beziehungen auszuhandeln. Zu seinem Inkrafttreten benötigt dieses Abkommen sowohl die Zustimmung des Rates der Europäischen Union (in welchem die Fachminister der EU-Mitgliedsstaaten sitzen), welcher mit qualifizierter Mehrheit zustimmen muss, als auch diejenige des Europäischen Parlaments. Kommen die Verhandlungspartner innerhalb der zweijährigen Frist nicht zu einer Einigung, so endet die Mitgliedschaft des betreffenden Staates automatisch, sofern nicht der Europäische Rat einstimmig und im Einvernehmen mit dem austrittswilligen Staat eine Verlängerung dieser Verhandlungsfrist beschließt.

5.3   Die Folgen des Referendums für das Vereinigte Königreich

Die unmittelbaren Folgen des Ergebnisses des Referendums erstrecken sich direkt auf drei wesentliche Bereiche, nämlich die Parteipolitik, die Verfassungspolitik sowie die Wirtschaft des Vereinigten Königreiches, sowie indirekt auf die Frage, welche Strategie die britische Regierung im Rahmen der Verhandlungen um den Austrittsprozess gegenüber der Europäischen Union wählen wird.

Hinsichtlich des britischen Parteiensystems löste das Votum der Bevölkerung ein regelrechtes Erdbeben aus. Bei den Conservatives kündigte Premierminister David Cameron noch am Morgen des 24. Juli 2016 seinen Rücktritt für Oktober an. In der Zwischenzeit sollte die Partei einen Nachfolger finden, welchem sodann die Aufgabe zufallen würde, den Austritt des Vereinigten Königreiches aus der EU zu vollziehen. Hierauf erklärten mit der Innenministerin Theresa May, dem Arbeitsminister Stephen Crabb, dem Justizminister Michael Gove, der Staatssekretärin für Energie Andrea Leadsom sowie dem ehemaligen Verteidigungsminister Liam Fox gleich mehrere Führungspersönlichkeiten der Partei ihre Kandidatur. Der führende Kopf der Brexit-Kampagne, Boris Johnson, bekundete zur vollkommenen Überraschung der meisten Beobachter allerdings seine Absicht, nicht für das Amt des Premierministers und des Parteivorsitzenden zur Verfügung zu stehen und zwar womöglich auch deswegen, weil ihm im Nachgang zur Abstimmung durchaus massive Empörung angesichts seiner Rolle in der Kampagne entgegenschlug (Hüetlin 2016). Das geplante langwierige Auswahlverfahren, wonach das Bewerberfeld zunächst durch mehrere Abstimmungsrunden innerhalb der konservativen Fraktion im House of Commons auf zwei Bewerber reduziert werden sollte, woraufhin dann unter diesen beiden im Rahmen einer Urwahl von den Parteimitgliedern der neue Premierminister bestimmt werden sollte, verkürzte sich allerdings wider Erwarten. Das Ergebnis der Abstimmungen der konservativen MPs ergab nämlich, dass im September 2016 Theresa May gegen Andrea Leadsom in der Urwahl antreten sollte. Eine zumindest sehr ungeschickte Aussage von Leadsom über die Kinderlosigkeit von May veranlasste Leadsom allerdings aufgrund der hierauf folgenden Empörung zur Rücknahme ihrer Kandidatur. Somit konnte Theresa May bereits am 13. Juli 2016 das Amt der Premierministerin antreten.

Sehr viel komplizierter erscheint die Situation bei der Labour Party. Umfassende Kritik schlug hier dem Parteivorsitzenden Jeremy Corbyn entgegen, welcher sich den Kritikern zufolge nicht ausreichend in die Remain-Kampagne eingebracht habe und ohnehin seit seiner Wahl zum Parteivorsitzenden am 12. September 2015 sein Amt in wenig beeindruckender Art und Weise ausübe (BBC 2016h). Zudem entzündete sich die Kritik an Corbyn auch an den Vorbehalten zahlreicher Führungspersönlichkeiten in der Partei gegen die Aussicht, mit Corbyn in eine zunächst noch für möglich gehaltene Neuwahl des Unterhauses nach dem Rücktritt Camerons ziehen zu müssen. Die harsche Kritik an Corbyn vor allem von Schatten-Außenminister Hilary Benn führte zunächst zu dessen Entlassung aus dem Schattenkabinett durch den Parteivorsitzenden. In den Tagen nach dem Referendum folgte eine regelrechte Rücktrittswelle von rund zwei Dutzend Mitgliedern des Schattenkabinetts, welche verbreitet als Misstrauensvotum der Parliamentary Labour Party (PLP) gegen Corbyn gewertet wurde (BBC 2016c; Cowburn 2016a). Nach diesem impliziten Misstrauensvotum schlossen die Unterhausmitglieder von Labour allerdings auch noch ein explizites – allerdings rechtlich vollkommen unverbindliches – Misstrauensvotum an, durch welches Corbyn mit einer Mehrheit von 172:40 zum Rücktritt aufgefordert wurde (BBC 2016d). Während somit sowohl die Rücktrittswelle aus dem Schattenkabinett als auch das Misstrauensvotum der PLP für Corbyns Führungsposition keine formelle Gefahr darstellten, starteten seine innerparteilichen Gegner auch eine formale Leadership Challenge gegen den Parteivorsitzenden. Am 11. Juli 2016 verkündete die ehemalige „Shadow First Secretary of State" Andrea Eagle ihre Absicht, Corbyn in der Frage des Parteivorsitzes herauszufordern und nur einen Tag später machte auch der ehemalige Schattenminister für Arbeit und Renten, Owen Smith, seine Kandidatur für die Leadership Elections öffentlich (BBC 2016e).

Während sich somit die Konservative Partei im Anschluss an das Referendum bereits neu aufgestellt hat, bei Labour dieser Prozess im September dieses Jahres durch die Leadership Elections abgeschlossen werden soll und mit UKIP-Chef Farage „the most important British politician of the last decade and the most successful" (Liddle 2016) zurückgetreten ist, erscheinen die verfassungspolitischen Folgen des Referendums noch sehr viel weniger greifbar. Durch den Umstand nämlich, dass sowohl Schottland als auch Nordirland und Gibraltar mehrheitlich für den Verbleib in der EU votiert hatten und sich eine Mehrheit für den Brexit ausschließlich in England fand, entwickelte sich die Debatte, ob die englische Bevölkerung auch für die Bevölkerungen in den sonstigen Teilen des Vereinigten Königreiches den Ausstieg aus der EU beschließen dürfe. Wenig überraschend beantwortete die schottische Erste Ministerin Nicola Sturgeon diese Frage mit „Nein, selbstverständlich nicht" (Spiegel 2016a) und meinte, ein zweites schottisches Unabhängigkeitsreferendum – das erste war 2014 mit 55:45 % für den Verbleib Schottlands im Vereinigten Königreich ausgegangen (vgl. hierzu Sturm 2015) – sei nun „sehr wahrscheinlich" (BBC 2016b). Gleichzeitig argumentiert die schottische Regierung, dass dem Parlament in Edinburgh ein Vetorecht gegenüber einer Entscheidung des britischen Parlaments, die EU zu verlassen, zukommen müsse, was allerdings alles andere als unumstritten ist (BBC 2016f). Während somit durch die Entscheidung „pro Brexit" zumindest ein erneutes schottisches Unabhängigkeitsreferendum in den Bereich des Möglichen rückt, erscheint demgegenüber ein „Abfall" Nordirlands oder Gibraltars vom Vereinigten Königreich sehr viel weniger wahrscheinlich bzw. gar mehr oder weniger ausgeschlossen (McDonald 2016; vgl. für die generelle Nordirland-Problematik im Zusammenhang mit dem Brexit Burke 2016).

Die wirtschaftlichen Folgen des Referendums sind noch viel schwieriger einzuschätzen und mit nochmals weitaus mehr Unsicherheit behaftet, als dies bereits für die Folgen für die Einheit des Vereinigten Königreiches der Fall ist. So ist es unter Volkswirten zwar weitestgehend unbestritten, dass ein Verlust des Zugangs zum Binnenmarkt für Großbritannien enorme Einbußen hinsichtlich des Bruttoinlandprodukts mit sich bringen würde, aber weder besteht Einigkeit über deren genaues Ausmaß noch über die Wahrscheinlichkeit, ob die britische Regierung diesen im Rahmen der Verhandlungen tatsächlich „auf's Spiel setzen" wird. Ebenso unsicher sind die Auswirkungen des Brexit auf die künftige Möglichkeit von Arbeitsmigration nach Großbritannien sowie auf die britische Finanzindustrie, welche von einem Ausscheiden aus der EU heftig getroffen werden würde (Arnold und Noonan 2016; Jenkins P., 2016). Zwar steht hier ein Umzug nach Kontinentaleuropa durchaus zur Debatte, ein Ergebnis lässt sich aber nicht absehen (Arnold und Noonan 2016). Sehr viel konkreter dagegen sieht es im Bereich des britischen Außenhandels aus. Mit dem Ausstieg aus der EU würden sämtliche von Brüssel ausgehandelte Freihandelsabkommen für das Vereinigte Königreich ihre Geltung verlieren, weswegen vor dem Ende der zweijährigen Frist umfangreicher Neuverhandlungsbedarf für die britische Regierung besteht, was wiederum die britische Regierung bereits in personeller Hinsicht vor erhebliche Herausforderungen stellen wird (FAZ 2016b).

Um diesen Problemen zu begegnen und eine Verhandlungsstrategie auszuarbeiten, hat die neue britische Premierministerin Theresa May eine Regierungsmannschaft um sich versammelt, die wohl mit Fug und Recht als „Brexit-Kabinett" (James und MacLellan 2016) bezeichnet werden kann. Nicht nur mit der überraschenden Ernennung der Brexit-Galionsfigur Boris Johnson zum Außenminister, sondern auch durch die Ernennung von David Davis zum „Brexit-Minister" (Gross 2016a) sowie von Liam Fox zum Minister für internationalen Handel besetzte May drei strategisch überaus wichtige Positionen ihres Kabinetts mit entschiedenen Befürwortern einer Trennung des Vereinigten Königreiches von der EU (Gross und Douglas 2016), während sie selbst im Wahlkampf eher als „reluctant remainer" (Wintour 2016), also als zögerliche und zurückhaltende Gegnerin eines Brexit beschrieben wurde. Während sich in Sachen Personal somit der Nebel ein wenig gelichtet hat, verbleibt die konkrete Strategie der britischen Regierung nach wie vor vollkommen im Dunkeln (Henkel 2016). So beharrt London zwar darauf, dass die formelle Mitteilung des Austrittswunsches nach Artikel 50 EUV wohl erst Anfang 2017 (BBC 2016g) und idealer Weise sogar erst nach dem Abschluss von Vorverhandlungen zu den künftigen Beziehungen zwischen dem Vereinigten Königreich und der EU erfolgen wird. Seitens der EU allerdings wird sowohl eine zeitnahe Mitteilung des britischen Austrittswunsches präferiert (Brössler und Roßmann 2016; Wittrock und Weiland 2016) als auch solchen Vorverhandlungen eine klare Absage erteilt (Welt 2016). Als „Idealziel" der britischen Regierung kann hierbei wohl der Status eines „Norwegen Plus" (Hunt 2016) identifiziert werden, welcher Großbritannien vollen Zugang zum EU-Binnenmarkt gewähren würde, den Briten gleichzeitig aber Ausnahmeregelungen bei der Freizügigkeit zuerkennen würde. Seitens der EU wurde aber wiederholt energisch darauf verwiesen, dass die vier Freiheiten, also der freie Verkehr von Waren, Kapital, Personen und Dienstleistungen, stets nur „im Paket" zu haben seien (Mühlauer 2016; Wittrock und Weiland 2016) und entsprechende Ansinnen der britischen Regierung daher fernab jeglicher Realisierungschance liegen (Wagstyl und Brundsen 2016).

5.4   Die Folgen des Referendums für die Europäische Union

Über diese Position der Untrennbarkeit der vier Freiheiten hinaus lässt sich aber auch eine Strategie der EU für den Austrittsprozess nicht erkennen. Gleichwohl wäre eine solche von eminenter Wichtigkeit, da das britische Referendum wenigstens in zweierlei Hinsicht enorme Auswirkungen auf das politische System der EU entfalten kann. Hierbei handelt es sich zum einen um die Möglichkeit von „Dominoeffekten" sowie zum anderen um die dezidiert politischen Implikationen des Ausscheidens Großbritanniens. In Bezug auf den möglichen Dominoeffekt besteht die Möglichkeit, dass sich Anti-EU-Parteien in anderen Ländern durch den Brexit angespornt fühlen und ebenfalls einen Austritt ihres Landes aus der EU vorantreiben könnten, wie die letztlich deutlich gescheiterte Initiative der Partei von Geert Wilders in den Niederlanden bereits angedeutet hat (Spiegel 2016b). Über diese Möglichkeit hinaus wird der Brexit allerdings in jedem Fall Änderungen für die EU mit sich bringen. So wird sich etwa durch das Ausscheiden Großbritanniens auch das Stimmenverhältnis im Rat der Europäischen Union ändern. So zählten die 29 britischen Stimmen im Rat, welche einen Stimmenanteil von 8,2 % darstellen, stets zu demjenigen Lager innerhalb der EU-Mitgliedsstaaten, das Freihandel und marktwirtschaftliche Prinzipien gegenüber Protektionismus und staatlichen Eingriffen in die Wirtschaft bevorzugte.

Was Sie aus diesem *essential* mitnehmen können

- Die euro-britischen Beziehungen waren von Beginn an problematisch, weil sie auf unterschiedlichen Erwartungen an das europäische Integrationsprojekt beruhten; dabei sah die britische Seite ein vereintes Europa im Wesentlichen nur als Binnenmarkt und fokussierte nahezu ausschließlich auf die Vorteile für die britische Wirtschaft, was sich bereits schon beim ersten Brexit-Referendum 1975 zeigte
- Weiterführende Integrationsschritte und daraus erwachsende gemeinschaftliche Regelungen und Verpflichtungen umging das Vereinigte Königreich regelmäßig durch das Erstreiten von Ausnahmeregelungen und Privilegien; hierdurch konnte zwar ein höheres Maß an Souveränität erhalten werden, zugleich jedoch sanken die Einflussmöglichkeiten innerhalb der EU
- Im Kontext der Flüchtlings- und die Finanzkrise in Europa scheiterte die Regierung in London sowohl mit ihrer Forderung nach britischen Ausnahmen bei den Grundfreiheiten als auch beim Verlangen von Mitsprache in Angelegenheiten der Eurozone als Nicht-Euroland, was zu einer teils drastischen Politisierung der traditionell vorhandenen Euroskepsis führte
- Diese umfassende Politisierung bestimmte weite Teile des Referendumswahlkampfes, welcher von der Seite der Brexit-Befürworter vor allem auch mit vielen verzerrt dargestellten oder gar teils sachlich falschen Argumenten und von der Seite der Brexit-Gegner oftmals als „Angstkampagne" geführt wurde; den tragischen Tiefpunkt des Wahlkampfes bildete der Mord an der Parlamentsabgeordneten Jo Cox
- Das Ergebnis offenbart zahlreiche Bruchlinien innerhalb der britischen Gesellschaft: alt versus jung; London/Schottland/Nordirland/Gibraltar versus England/Wales; niedriger Bildungsgrad versus hoher Bildungsgrad

© Springer Fachmedien Wiesbaden 2017
A. Niedermeier und W. Ridder, *Das Brexit-Referendum*, essentials,
DOI 10.1007/978-3-658-15633-6

- Abgesehen von „Brexit means Brexit", womit die neue britische Premierministerin Theresa May ihr Amt antrat, gibt es sehr wenige Gewissheiten im Hinblick auf die nun anstehenden Verhandlungen zwischen Großbritannien und der EU

Literatur

Abedi, A. & Lundberg, T.C. (2009). Doomed to Failure? UKIP and the Organisational Challenges Facing Right-Wing Populist Anti-Political Establishment Parties. *Parliamentary Affairs* 62, 72–87.

Abendschön, S., & Roßteutscher, S. (2016). Wahlbeteiligung junger Erwachsener – Steigt die soziale und politische Ungleichheit?. In S. Roßteutscher, T. Faas, & U. Rosar (Hrsg.), Bürgerinnen und Bürger im Wandel der Zeit. 25 Jahre Wahl- und Einstellungsforschung in Deutschland (S. 67–91), Wiesbaden: Springer.

Adler-Nissen, R. (2016). The Vocal Euro-outsider: The UK in a Two-speed Europe. *The Political Quarterly* 87, 238–246.

Agerholm, H. (2016a). Free movement of labour might not end after Brexit, admits Tory Leave campaigner Daniel Hannan. http://www.independent.co.uk/news/uk/home-news/eu-referendum-tory-campaigner-admits-brexit-immigration-some-control-a7102626.html. Zugegriffen: 19. Juli 2016.

Agerholm, H. (2016b). Brexit campaigner Nigel Evans says idea immigration will fall after EU referendum result a 'misunderstanding'. http://www.independent.co.uk/news/uk/home-news/brexit-immigration-uk-nigel-evans-eu-referendum-latest-news-what-will-happen-migrants-a7104021.html. Zugegriffen: 19. Juli 2016.

Armstrong, P. (2016). Divided kingdom: This map tells a pretty big story. http://edition.cnn.com/2016/06/24/europe/eu-referendum-britain-divided/. Zugegriffen: 17.06.2016.

Arnold, M., & Noonan, L. (2016). Banks begin moving some operations out of Britain. https://next.ft.com/content/a3a92744-3a52-11e6-9a05-82a9b15a8ee7. Zugegriffen: 17. Juli 2016.

Aspinwall, M. (2000). Structuring Europe: Powersharing Institutions and British Preferences on European Integration. *Political Studies* 48, 415–442.

Asthana, A., & Mason, R. (2016). Michael Gove attacks David Cameron over EU 'scaremongering' . http://www.theguardian.com/politics/2016/jun/03/eu-referendum-michael-gove-agrees-to-audit-of-vote-leave-350m-claim. Zugegriffen: 20. Juli 2016.

Bache, I., & Jordan, A. (2006). The Europeanization of British Politics. In I. Bache, & A. Jordan, *The Europeanization of British Politics* (S. 265–281). Houndmills: Palgrave Macmillan.

© Springer Fachmedien Wiesbaden 2017

A. Niedermeier und W. Ridder, *Das Brexit-Referendum,* essentials,

DOI 10.1007/978-3-658-15633-6

Baker, D., Gamble, A., & Seawright, D. (2002). Sovereign nations and global markets: modern Conservatism and hyperglobalism. *British Journal of Politics and International Relations* 3, 399–428.

Bastian, N., & Slodczyk, K. (2016). Die verlorene Schlacht. http://www.handelsblatt.com/politik/international/brexit-referendum/brexit-news/david-cameron-die-verlorene-schlacht/13783360.html. Zugegriffen: 17. Juli 2016.

BBC (2016a). EU referendum: The result in maps and charts. http://www.bbc.com/news/uk-politics-36616028. Zugegriffen: 17.06.2016.

BBC (2016b). Brexit: Nicola Sturgeon says second Scottish independence vote 'highly likely'. http://www.bbc.com/news/uk-scotland-scotland-politics-36621030. Zugegriffen: 17.06.2016.

BBC (2016c). Jeremy Corbyn unveils new top team after resignations. http://www.bbc.com/news/uk-36632956. Zugegriffen: 17.06.2016.

BBC (2016d). Labour MPs pass no-confidence motion in Jeremy Corbyn. http://www.bbc.com/news/uk-politics-36647458. Zugegriffen: 16. Juli 2016.

BBC (2016e). Owen Smith: Only one MP should challenge Corbyn. http://www.bbc.com/news/uk-politics-36799983. Zugegriffen: 17. Juli 2016.

BBC (2016f). Nicola Sturgeon says MSPs at Holyrood could refuse Brexit consent. http://www.bbc.com/news/uk-scotland-scotland-politics-36633244. Zugegriffen: 17. Juli 2016.

BBC (2016g). David Davis: Trigger Brexit by start of 2017. http://www.bbc.com/news/uk-politics-uk-leaves-the-eu-36802756. Zugegriffen: 17. Juli 2016.

BBC (2016h). EU referendum: Corbyn tells activists 'I did all I could'. http://www.bbc.com/news/uk-politics-36628305. Zugegriffen: 17. Juli 2016.

BBC (2016i). Corbyn: I'm 'seven out of 10' on EU. http://www.bbc.com/news/uk-politics-eu-referendum-36506163. Zugegriffen: 18. Juli 2016.

BBC (2016j). Jeremy Corbyn says 'overwhelming case' for staying in EU. http://www.bbc.com/news/uk-politics-eu-referendum-36430606. Zugegriffen: 20. Juli 2016.

BBC (2016k). EU referendum: Baroness Warsi switches from Leave to Remain. http://www.bbc.com/news/uk-politics-eu-referendum-36572894. Zugegriffen: 20. Juli 2016.

Brössler, D., & Roßmann, R. (2016). Merkel und Juncker vereint gegen Cameron. http://www.sueddeutsche.de/politik/bruessel-nach-dem-brexit-merkel-und-juncker-vereint-gegen-cameron-1.3055152. Zugegriffen: 17. Juli 2016.

Burke, E. (2016). Who Will Speak for Northern Ireland? *The RUSI Journal* 161, 4–12.

Busquets Guàrdia, A. (2016). How Brexit Vote Broke Down. http://www.politico.eu/article/graphics-how-the-uk-voted-eu-referendum-brexit-demographics-age-education-party-london-final-results/. Zugegriffen: 17.06.2016.

Butler, D., & Kitzinger, U. (1976). The 1975 Referendum. London: Macmillan.

Byman, D., & Pollack, K. (2001). Let Us Now Praise Great Men. Bringing The Statesman Back In. *International Security* 25, 107–146.

Cawthorne, N. (2016). Portraits in Power. Collected Biographies of David Cameron, Boris Johnson and Alan Johnson.

Cooper, C. (2016). EU referendum: David Cameron confronts accusations Remain campaign is founded on scaremongering. http://www.independent.co.uk/news/uk/politics/eu-referendum-david-cameron-confronts-accusations-remain-campaign-is-founded-on-scaremongering-a7062511.html. Zugegriffen: 20. Juli 2016.

Cowburn, A. (2016a). Labour Brexit revolt: Every shadow cabinet minister to have resigned so far. http://www.independent.co.uk/news/uk/politics/brexit-labour-party-jeremy-corbyn-shadow-cabinet-revolt-leader-resigned-latest-eu-referendum-a7104276.html. Zugegriffen: 17.06.2016.

Cowburn, A. (2016b). Boris Johnson distances himself from Hitler-EU comparison: 'I don't write the headlines'. http://www.independent.co.uk/news/uk/politics/i-don-t-write-the-headlines-says-boris-johnson-as-he-distances-from-hitler-eu-comparison-a7066086.html. Zugegriffen: 20. Juli 2016.

Curtice, J. (2016). A Question of Culture or Economics? Public Attitudes to the European Union in Britain. *The Political Quarterly* 87, 209–218.

Daily Telegraph (2015). Jeremy Corbyn admits he voted for Britain to leave Europe in 1975. http://www.telegraph.co.uk/news/11859648/Jeremy-Corbyn-admits-he-voted-for-Britain-to-leave-Europe-in-1975.html. Zugegriffen: 18. Juli 2016.

Die Welt (2013): Cameron erhandelt sich größeren "Briten-Rabatt", http://www.welt.de/117526754. Zugegriffen: 24. Juni 2016.

Economist (2016a). Dreaming of sovereignty. http://www.economist.com/news/britain/21695056-talk-taking-back-power-may-be-delusional-more-democracy-not-dreaming-sovereignty. Zugegriffen: 19. Juli 2016.

Economist (2016b). The Economist's "Brexit" poll-tracker. http://www.economist.com/blogs/graphicdetail/2016/06/britain-s-eu-referendum. Zugegriffen: 20. Juli 2016.

FAZ (2016a). Brexit-Liveticker. http://www.faz.net/aktuell/politik/brexit/liveticker-zum-brexit-referendum-und-den-folgen-14300118.html Zugegriffen: 17.06.2016.

FAZ (2016b). Britischer Regierung fehlt Personal für Verhandlungen. http://www.faz.net/aktuell/wirtschaft/wirtschaftspolitik/grossbritannien-fehlt-fuer-brexit-verhandlungen-das-personal-14324746.html. Zugegriffen: 17. Juli 2016.

Ford, R. & Goodwin, M. (2014). Understanding UKIP. *The Political Quarterly* 85, 277–284.

Ford, R., & Goodwin, M. (2014). Revolt on the Right: Explaining Support for the Radical Right in Britain. Abingdon: Routledge.

Franklin, M. N., Van der Eijk, C., & Marsh, M. (1995). Referendum outcomes and trust in government: Public support for Europe in the wake of Maastricht. West European Politics 18, 101–117.

Gee, G. & Young, A.L. (2016). Regaining Sovereignty? Brexit, the UK Parliament and the Common Law. *European Public Law* 22, 131–148.

George, S. (2000). Britain: Anatomy of a Eurosceptic State. *Journal of European Integration* 1, 15–33.

Gifford, C. (2014). The Making of Eurosceptic Britain. Farnham: Ashgate.

Goodwin, M., & Milazzo, C. (2015a). Britain, the European Union and the Referendum: What drives Euroscepticism? London: The Royal Institute of International Affairs, Chatham House.

Goodwin, M., & Milazzo, C. (2015b). UKIP: Inside the Campaign to Redraw British Politics. Oxford: Oxford University Press.

Gravey, V., & Jordan, A. (2016). Does the European Union have a Reverse Gear? Policy Dismantling in a Hyperconsensual Polity. *Journal of European Public Policy* 23, 1180–1198.

Griffin, A. (2016). Brexit: Vote Leave wipes NHS £350m claim and rest of its website after EU referendum. http://www.independent.co.uk/news/uk/home-news/brexit-vote-leave-wipes-nhs-350m-claim-and-rest-of-its-website-after-eu-referendum-a7105546.html. Zugegriffen: 19. Juli 2016.

Gross, J. (2016a). Theresa May Signals Desire for Swift Brexit With Cabinet Appointments. http://www.wsj.com/articles/theresa-may-signals-desire-for-swift-brexit-with-cabinet-appointments-1468503154. Zugegriffen: 17. Juli 2016.

Gross, J. (2016b). Early 'Brexit' Results Signaled Cliffhanger. http://www.wsj.com/articles/in-brexit-poll-52-back-remaining-in-eu-48-back-leaving-1466717788. Zugegriffen: 20. Juli 2016.

Gross, J., & Douglas, J. (2016). U.K.'s Theresa May Readies Brexit Team With Boris Johnson in Key Cabinet Post. http://www.wsj.com/articles/theresa-may-gets-set-for-u-k-leadership-with-brexit-top-of-agenda-1468390512. Zugegriffen: 17. Juli 2016.

Hayton, R. (2010). Towards the Mainstream? UKIP and the 2009 Elections to the European Parliament. *Politics* 30, 26–35.

Henkel, I. (2016). Brexit ohne Plan. http://www.zeit.de/politik/ausland/2016-06/grossbritannien-brexit-labour-party-jeremy-corbyn-tories-george-osborne. Zugegriffen: 17.06.2016.

Henley, J. (2016). Why Vote Leave's £350m weekly EU cost claim is wrong. http://www.theguardian.com/politics/reality-check/2016/may/23/does-the-eu-really-cost-the-uk-350m-a-week. Zugegriffen: 19. Juli 2016.

Heppell, T. (2013). The Conservartive Party Leadership of David Cameron. Heresthetics and the Realignment of British Politics. *British Politics* 8, 260–284.

Heppell, T. (2014). The Tories. From Winston Churchill to David Cameron. London: Bloomsbury.

Heppell, T., & Hill, M. (2009). Transcending Thatcherism? Ideology and the Conservative Party Leadership Mandate of David Cameron. *The Political Quarterly* 80, 388–399.

Hüetlin, T. (2016). Brexit-Antreiber Johnson: Das Rumdrucksen des Tricksers. http://www.spiegel.de/politik/ausland/brexit-boris-johnson-wird-meist-gehasster-mann-englands-a-1100062.html. Zugegriffen: 17.06.2016.

Hunt, J. (2016). We can win a better deal for Britain – it's the only way the EU can save itself. http://www.telegraph.co.uk/news/2016/06/27/after-brexit-we-can-no-longer-ignore-fears-about-immigration/. Zugegriffen: 17. Juli 2016.

James, W., & MacLellan, K. (2016). May builds new-look Brexit cabinet to steer EU divorce. http://www.reuters.com/article/us-britain-eu-wrapup-idUSKCN0ZU1HE. Zugegriffen: 17. Juli 2016.

Jenkins, P. (2016). What will Brexit mean for the City of London?. https://next.ft.com/content/23d576b0-386a-11e6-a780-b48ed7b6126f. Zugegriffen: 17. Juli 2016.

Jenkins, S. (2016). Brexit could cause war? Utter nonsense, David Cameron. https://www.theguardian.com/commentisfree/2016/may/09/brexit-cause-war-nonsense-david-cameron-history-eu-debate. Zugegriffen: 20. Juli 2016.

Johnson, S. (2016). Scots: Brexit leaves you at mercy of Tory Right wing after Cameron ousted. http://www.telegraph.co.uk/news/2016/06/15/nicola-sturgeon-warns-scots-brexit-leaves-you-at-mercy-of-tory-r/. Zugegriffen: 18. Juli 2016.

Khalaf, R. (2016). Young people feel betrayed by Brexit but gave up their voice. https://next.ft.com/content/ef0745e0-3d2c-11e6-9f2c-36b487ebd80a. Zugegriffen: 17.06.2016.

Khomami, N. (2016). Brexit is only way to control immigration, campaigners claim. http://www.theguardian.com/politics/2016/apr/25/brexit-is-only-way-to-control-immigration-campaigners-claim. Zugegriffen: 19. Juli 2016.

Krupa, M. (2013). Ein Königreich für Europa. http://www.zeit.de/2013/06/Grossbritannien-EU-Beitritt-Geschichte. Zugegriffen: 1. Juli 2016.

Krupa, M. (2016). Camerons Egoismus schadet Europa. http://www.zeit.de/politik/ausland/2016-02/eu-gipfel-europa-bruessel-david-cameron-kompromiss-reformen. Zugegriffen: 18. Juli 2016.

Ladipo, E. (2016a). Wie David Cameron versehentlich Europa opferte. http://www.welt.de/politik/ausland/article156514452/Wie-David-Cameron-versehentlich-Europa-opferte.html. Zugegriffen: 18. Juli 2016.

Ladipo, E. (2016b). Der Mann, der die Briten in den Brexit blödelte. http://www.welt.de/politik/ausland/article156522964/Der-Mann-der-die-Briten-in-den-Brexit-bloedelte.html. Zugegriffen: 17. Juli 2016.

Laffan, B., & Stubb, A. (2012). Member States. In E. Bomberg, J. Peterson, & R. Corbett (Hrsg.), The European Union. How does it Work? (S. 74–93). Oxford: OUP.

Liddle, R. (2016). In Praise of Nigel Farage. http://blogs.spectator.co.uk/2016/07/praise-nigel-farage/. Zugegriffen: 18. Juli 2016.

Lowe, J. (2016). Watch: Boris Johnson Discusses His Unpublished Pro-EU Article. http://europe.newsweek.com/brexit-eu-boris-johnson-second-column-remain-daily-telegraph-newsnight-bbc-473413?rm=eu. Zugegriffen: 18. Juli 2016.

MacShane, D. (2015). Brexit. How Britain will leave Europe. London: I. B. Tauris & Co.

MacTague, T. (2016). Boris Johnson takes gloves off in Brexit campaign. http://www.politico.eu/article/boris-johnson-take-uk-eu-referendum-date-june-23/. Zugegriffen: 18. Juli 2016.

MacTague, T., & Surk, B. (2016). Jo Cox murder suspect identifies himself as 'Death to traitors', http://www.politico.eu/article/uk-police-charge-thomas-mair-with-jo-cox-murder/. Zugegriffen: 20. Juli 2016.

Matthijs, M. (2016). Britain's Point of No Return. https://www.foreignaffairs.com/articles/united-kingdom/2016-06-21/britain-s-point-no-return. Zugegriffen: 21. Juli 2016.

McDonald, H. (2016). Northern Ireland secretary rejects Sinn Féin call for border poll. https://www.theguardian.com/uk-news/2016/jun/24/arlene-foster-northern-ireland-martin-mcguinness-border-poll-wont-happen. Zugegriffen: 17. Juli 2016.

McLaren, L. (2002). Public support for the European Union: cost–benefit analysis or perceived cultural threat? Journal of Politics 64, 551–566.

McLaren, L. (2004). Opposition to integration and fear of loss of national identity: debunking a basic assumption regarding hostility to the integration project. European Journal of Political Research 43, 895–912.

Mühlauer, A. (2016). Briten und der Binnenmarkt. Bloß keine Freizügigkeit. http://www.sueddeutsche.de/politik/briten-und-der-binnenmarkt-bloss-keine-freizuegigkeit-1.3056797. Zugegriffen: 17. Juli 2016.

Payne, S. (2015). Vote Leave and Leave.EU won't be merging anytime soon. http://blogs.spectator.co.uk/2015/11/vote-leave-and-leave-eu-wont-be-merging-anytime-soon/. Zugegriffen: 17. Juli 2016.

Quinn, T. (2015). Electing and Ejecting Party Leaders in Britain. Basingstoke: Palgrave Macmillan.

Rásonyi, P. (2016). Verantwortung – für Brexit, Partei oder Land. http://www.nzz.ch/meinung/kommentare/ruecktritt-von-ukip-fuehrer-nigel-farage-verantwortung-fuer-brexit-partei-oder-land-ld.103869. Zugegriffen: 20. Juli 2016.

Sherwood, H., et al. (2016). Cameron condemns xenophobic and racist abuse after Brexit vote. https://www.theguardian.com/uk-news/2016/jun/27/sadiq-khan-muslim-council-britain-warning-of-post-brexit-racism. Zugegriffen: 20. Juli 2016.

Shuster, S. (2016). The U.K.'s Old Decided for the Young in the Brexit Vote. http://time.com/4381878/brexit-generation-gap-older-younger-voters/. Zugegriffen: 17.06.2016.

Spiegel (2011). Zukunft der Union: Europa-Politiker sehen Briten isoliert wie nie zuvor. http://m.spiegel.de/politik/deutschland/a-802884.html. Zugegriffen 15. Juli 2016.

Spiegel (2016a). Schottland und der Brexit: Ohne uns. http://www.spiegel.de/politik/ausland/brexit-schottland-will-in-der-eu-bleiben-a-1099871.html. Zugegriffen: 17. Juli 2016.

Spiegel (2016b). Niederländischer Rechtspopulist: Wilders scheitert mit Nexit-Plan. http://www.spiegel.de/politik/ausland/niederlande-geert-wilders-scheitert-mit-nexit-plan-a-1100313.html. Zugegriffen: 17. Juli 2016.

Sriskandarajah, D. (2016). Leaving the EU would not bring immigration under control. https://www.theguardian.com/commentisfree/2016/jun/10/immigration-truth-brexit-would-not-bring-it-under-control. Zugegriffen: 19. Juli 2016.

Stewart, H., & Mason, R. (2016a). EU referendum: Sturgeon accuses Johnson of telling £350m 'whopper'. http://www.theguardian.com/politics/2016/jun/09/eu-referendum-sturgeon-accuses-johnson-of-telling-350m-whopper. Zugegriffen: 19. Juli 2016.

Stewart, H., & Mason, R. (2016b). Nigel Farage's anti-migrant poster reported to police. http://www.theguardian.com/politics/2016/jun/16/nigel-farage-defends-ukip-breaking-point-poster-queue-of-migrants. Zugegriffen: 19. Juli 2016.

Stewart, H., Syal, R. & Mason, R. (2016). David Cameron makes final plea for Britain to vote to remain in the EU. http://www.theguardian.com/politics/2016/jun/22/david-cameron-makes-final-plea-for-britain-to-vote-to-remain-in-the-eu. Zugegriffen: 20. Juli 2016.

Stone, J. (2016). Nigel Farage backtracks on Leave campaign's '£350m for the NHS' pledge hours after result. http://www.independent.co.uk/news/uk/politics/eu-referendum-result-nigel-farage-nhs-pledge-disowns-350-million-pounds-a7099906.html. Zugegriffen: 19. Juli 2016.

Sturm, R. (2015). Das Schottland-Referendum. Hintergrundinformationen und Einordnung. Wiesbaden: Springer.

Szczerbiak, A., & Taggart, P. (2008a). Opposing Europe? The Comparative Party Politics of Euroscepticism, Vol. 1: Case Studies and Country Surveys. Oxford: Oxford University Press.

Szczerbiak, A., & Taggart, P. (2008b). Opposing Europe? The Comparative Party Politics of Euroscepticism Vol.2: Comparative and Theoretical Perspectives. Oxford: Oxford University Press.

Tournier-Sol, K. (2015). Reworking the Eurosceptic and Conservative Traditions into a Populist Narrative. UKIP's Winning Formula? *Journal of Common Market Studies* 53, 140–156.

Usherwood, S. (2002). Opposition to the European Union in the UK: Dilemma of Public Opinion and Party Management. *Government and Opposition* 2, 211–230.

Vargos-Silva, C., & Markaki, Y. (2015). EU Migration To and From the UK, Oxford, Migration Observatory, COMPAS, 2015. http://www.migrationobservatory.ox.ac.uk/briefings/migration-flows-a8-and-other-eu-migrants-and-uk. Zugegriffen: 10. Juli 2016.

Wagstyl, S., & Brundsen, J. (2016). Angela Merkel takes tough stance on Brexit negotiations. http://www.ft.com/cms/s/0/4baa4996-3d14-11e6-9f2c 36b487ebd80a.html#axzz4Eh7rn0kM. Zugegriffen: 17. Juli 2016.

Watt, N. (2016). Boris Johnson to campaign for Brexit in EU referendum. http://www.theguardian.com/politics/2016/feb/21/boris-johnson-eu-referendum-campaign-for-brexit-david-cameron. Zugegriffen: 18. Juli 2016.

Welt (2016). Juncker verbietet EU-Kommissaren Gespräche mit Briten. http://www.welt.de/156636502. Zugegriffen: 17. Juli 2016.

Wintour, P. (2016). What's the best Brexit Theresa May could get for Britain?. https://www.theguardian.com/uk-news/2016/jul/14/whats-the-best-brexit-theresa-may-could-get-for-britain. Zugegriffen: 17. Juli 2016.

Wittrock, P., & Weiland, S. (2016). Theresa May und der Brexit: Merkels kühle Botschaft. http://www.spiegel.de/politik/ausland/brexit-angela-merkel-reagiert-kuehl-auf-theresa-may-a-1102640.html. Zugegriffen: 17. Juli 2016.

Wolf, M. (2016). Arguments for Brexit do not add up. https://next.ft.com/content/c72960f0-088c-11e6-a623-b84d06a39ec2. Zugegriffen: 19. Juli 2016.

Wright, O. (2016). EU referendum: Economic experts warning of Brexit are like Nazis, claims Michael Gove. http://www.independent.co.uk/news/uk/politics/eu-referendum-brexit-economy-latest-live-what-it-means-michael-gove-nazis-remain-leave-a7094931.html. Zugegriffen: 20. Juli 2016.

Zum Weiterlesen

Adler-Nissen, R. (2016). The Vocal Euro-outsider: The UK in a Two-speed Europe. *The Political Quarterly, 87*(2), pp. 238–246.

Byman, D., & Pollack, K. M. (2001). Let Us Now Praise Grat Men. Bringing the Statesman Back In. *International Security, 25*(4), pp. 107–146.

Curtice, J. (2016). A Question of Culture or Economics? Public Attitudes to the European Union in Britain. *The Political Quarterly, 87*(2).

Gifford, C. (2014). *The Making of Eurosceptic Britain.* Farnham: Ashgate.

MacShane, D. (2015). *Brexit. How Britain will leave Europe.* London: I. B. Tauris & Co.

Tournier-Sol, K., & Gifford, C. (Eds.). (2015). *The UK Challenge to Europeanization. The Persistence of British Euroscepticism.* Houndmills: Palgrave Macmillan.

Wall, S. (2008). *A Stranger in Europe. Britain and the EU from Thatcher to Blair.* Oxford: Oxford University Press.